浙江大学数字长三角战略研究小组

组　长　　吴朝晖 浙江大学校长

副组长　　黄先海 浙江大学经济学院院长

　　　　　　郁建兴 浙江大学公共管理学院院长

　　　　　　魏　江 浙江大学管理学院院长

《数字长三角战略 2020：数字治理》写作组

吴朝晖 郁建兴 黄先海 魏　江 张蔚文 高　翔

华中生 宋学印 金　晗 刘　渊 王小毅 张洪胜

浙江大学数字长三角战略研究小组 著

数字长三角战略2020
数字治理

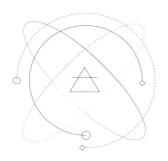

DIGITAL YANGTZE RIVER DELTA
STRATEGY 2020
DIGITAL GOVERNANCE

ZHEJIANG UNIVERSITY PRESS
浙江大学出版社

目　录

导　论

　　自 2018 年 11 月国家主席习近平在首届中国国际进口博览会开幕式上宣布"支持长江三角洲区域一体化发展并上升为国家战略"，长三角一体化进程迅捷而稳健地开展。2019 年 12 月 1 日，中共中央、国务院正式印发《长江三角洲区域一体化发展规划纲要》，这标志着长三角一体化进入了全面实施的新阶段。

　　实施数字长三角战略是推动长三角区域高质量一体化发展的关键引擎。数字长三角战略是指以数字技术为支撑，以一体化发展为目标的区域协调发展新战略。当今世界面临着百年未有之大变局，在国际形势复杂多变、新旧动能加速转换、新冠肺炎疫情影响尚未退去的背景下，上海、江苏、浙江和安徽三省一市亟须破除长期存在的隐蔽性市场壁垒、行政壁垒等，增加区域创新协同的内生动力，健全长三角一体化发展机制，深化长三角区域合作机制，加快形成更高质量、更高层次的开放型区域发展新形态，为我国区域协调发展提供示范，引领我国参与国际合作与竞争。以数据泛在、万物互联、虚实孪生为特征的数字技术将颠覆性地重构长三角区域的治理体系、经济社会运行方式和物理空间界限。数字长三角战略旨在充分发挥数字技术潜力，将三省一市的物理空间映射到数字空间，在数字空间超越时间、距离的限制，在虚实空间的互动中最大限度实现长三角区域治理的整体性、协同性，最大限度消除要素资源自由流动的行政壁垒，系统降低区域协同发展的交易成本，全面释放经济社会组织的创新活力和竞争能力,充分发挥中心城市和城市群等经济发展优势区域的辐射带动力量,完善空间功能布局,形成优势互补、高质量发展的长三角区域一体化发展新格局。

数字治理是推进数字长三角战略的重要抓手。数字治理是指政府、企业、社会组织和民众等多元主体依托信息技术共同参与公共事务,在数字化场域中构建融合多元主体互动合作的开放性、多样化复杂治理体系。治理与统治相对,它是20世纪90年代以来人类社会秩序建构和集体行动的一种新形态。作为一种全新的集体行动样态,治理超越了权威统治的传统模式,也超越了以价格信号为协调机制的市场逻辑,突出了多元平等主体间不依赖权威关系而形成的自发性秩序建构、维持与发展。治理不再要求实现管理者与被管理者的角色分离,而是凸显了多元参与者的主体性、能动性,以及他们之间的彼此依存关系。数字技术为长三角区域在治理中走向一体化、实现协调发展创造了可能。在区域层面,数字治理意味着长三角地区可以在去中心化的互动中内生创造有利于优势互补、协调发展的治理结构和公共秩序;在区域内部,数字治理意味着不同层次、不同区域的治理主体可超越物理空间的限制,实现在互联互通的虚拟空间中开拓交流合作、互助共赢的更大可能。在数字治理中,长三角一体化的区域协调机制并不总是表现为一系列清晰、稳定的治理结构,而是保持了一定的模糊性。多元主体在这种模糊性中开展自主治理,政府则获得了权威之外的工具、技术来掌舵和指引社会集体行动。

在后疫情时代,数字治理是进一步激发长三角地区协同创新、合作共赢,提高风险抵御能力的重要实现形态。新冠肺炎疫情凸显了区域间、国家间在经济社会发展和公共治理等方面的相互依存关系。在疫情防控和复工复产的特殊阶段,长三角三省一市在宏观上发挥了"大数据＋流行病学"的预测研判能力,及时调整了响应层级;在微观上依托"健康码"等个体、组织和区域的智能数据实施了有效的精密智控,在区域间开展了数据共享、"健康码"互认等协同实践,最大限度平衡了有效应对突发公共卫生事件和维持经济社会运行秩序等多元公共政策目标。以数字技术为支撑,长三角地区在新冠肺炎疫情防控中基本做到了"收放自如""进退裕如"。在后疫情时代,长三角地区可以通过更加广泛的公共数据共享交换、更具可兼容性的数字技术应用开发,系统提升信息获取、分析和计算等方面的治理能力,在区域协同中提高长三角地区的风险识别、预测和防范能力,为高质量经济发展、高层次协同创新、高品质城市治理和高水平社会运行创造更大可能。

《数字长三角战略 2020:数字治理》明确以数字治理为区域发展的新场域,探讨数据驱动长三角一体化的实现路径。全书除导论外共有六部分,其中第一部分至第四部分围绕高质量经济发展、高层次产业协同创新、城市大脑赋能城市治理、高水平社会治理等四大领域展开专题讨论,分析了长三角地区如何深度运用数字技术加速实现区域治理现代化。第五部分以整体智治的现代政府数字化转型为题,指出政府治理体系变革是支撑数字长三角战略的重要体制基础和保障,"整体智治"是政府数字化转型的目标和方向。基于数字长三角战略的阶段目标,第六部分提出了后疫情时代数字长三角建设的八项行动倡议。

一、数字治理与高质量经济发展

数字技术革命加速推动人类经济活动向多元经济空间拓展,衡量经济发展质量水平需要转向新的视域与坐标,包括多元经济空间的交互发展、人的经济空间内长期全局高质量发展、人的经济空间内短期局部高效率发展等三大层面。当前,长三角地区经济活动主要在人的经济空间内短期局部层面取得丰富的数字化融合变革。在这一时期,区域一体化治理、疫情防控框架下的经济恢复与常态化运行治理、市场监管、政商关系等构成的经济治理体系发生深刻变革,数字治理逐渐成为主体或常态化模式。在丰富的数据与数字技术发展驱动下,长三角地区长期全局层面的数字治理变革也在加速推进,其高质量经济发展中的经济协调过程与开放过程均走在全国前列。

(一)数字时代高质量经济发展与数字治理

数字时代人类经济空间发生多元扩张,通过数字技术与经济治理的融合重构,驱动三个层面的高质量经济发展:多元经济空间的交互发展、人的经济空间内长期全局高质量发展,以及人的经济空间内短期局部高效率发展。

1. 多元经济空间的交互发展

在新一轮科技革命与产业变革驱动下,数字经济对人类经济生产的内容、方式与空间产生深刻影响。可以预见,未来人与物理世界的二元空间将转变为人、物理世界、智能机器与虚拟信息世界的四元空间,由此驱动经济活动的时空范围扩张性进入人与人、人与物理世界、人与虚拟信息世界、人与智能机器、智能机器与智能机器、智能机器与物理世界、智能机器与虚拟信息世界共同构成的多个经济关系场域。在多元经济空间中,人面向物理世界的开发生产活动以及人与人之间的分配、交换和消费行为均实现数字孪生,推动虚拟信息世界的数据资源迅速增长,进而成为智能机器不断优化学习的生产投入,同时智能机器本身也以准人格化形态参与到物理、虚拟信息世界的生产经营活动中,其部分产出成果也最终加入人与人之间的经济运行系统中,智能运行、交互发展成为多元经济空间运行的主要特征。

经济治理边界势必向多元经济空间扩展,其核心在于数字治理。在多元经济空间交互发展中,依赖数字的智能机器,已构成新的具有准人格化形态的能动性个体,从供给侧看数字成为关键的经济生产要素与资本,数字也是各经济空间的交互要素,需求个体偏好的表达介质以及市场运行的调节信号,这使得数字治理将成为多元经济空间交互发展的必然选择与主导治理模式。多元经济空间数字治理的重心在于通过数字技术,使人与机器人之间就经济所有权、分配权等产权关系形成合理架构,实现多元经济空间的持续稳健运行、人的持续进步、智能生产力的持续提升、虚拟信息世界的持续丰富。

2. 人的经济空间内长期全局高质量发展

在数字经济时代,人类生产行为过程的数字化与智能化已经成为标准框架,人类经济关系空间高质量发展的三大核心过程是协调、绿色与开放。其中,涉及人与物理世界的生态技术经济关系的绿色过程,已得到稳步推进,但涉及人与人经济关系的协调过程(如利润率与工资增长率及其分布),以及国家与国家经济关系的开放过程(如贸易增加值率及全球化红利分配,其实质也是国家之间的经济协调过程)仍未得到科学治理,构成人的单元经济空间内高质量发展的主要障碍。迄今为止,欧美地区循环往复爆发的经济危机大多内源于治理不当导致的经济失调,经济治理模式亟待在质量与效率方面的升级。

人的经济空间内的数字治理为维护经济协调过程和开放过程提供了新的方案,其实质是利用数字化的天然外部性和零边际成本特性,向经济系统中的个体、企业和政府进行数字赋能,实现收入在个体、空间的分布协调化、政府市场关系协调化、国际开放经济关系协调化,真正实现人的经济空间内的高质量经济发展和型构适应数字时代的人类经济共同体。

　　数字时代人的经济空间内的数字治理体系,具体可分为三大领域:**一是经济收入(或产品,包括公共品)在个体、空间的分布协调化治理。**数字时代人群间、区域间存在潜在的数字资本鸿沟和发展失调,平衡的关键在于使数字治理介入数字化过程,将数据开发知识作为新公共品供给,对所有个体进行数据资本和数字知识赋能,推动生产率、利润率与工资率的黄金协调,缩小个体、城乡之间的收入分布差距。**二是协调互动的政府市场关系治理。**低质量的政府市场关系主要体现在市场的信息盲目(市场权力过大)与政府的盲目治理(政府权力过大),而在数字化的单元经济空间内,引入数字治理可有效降低"双盲"性。其中关键在于在市场中形成一个非人格化的数字市场治理中枢(新的治理中心包括平台企业),打通个体偏好需求与供给之间的直接对接渠道,合理让渡政府经济治理权,市场信息亦可迅捷传递给市场参与方,大幅降低信息不对称,进而熨平周期经济危机。**三是全球数字治理与人类经济共同体。**全球数字治理主要是对数字时代全球经贸关系网络中国家与国家之间经济利得和价值分工的协调治理,主要是通过构建基于 WTO 的数字贸易规则、新的全球数字贸易治理平台,如第三方跨境数字贸易组织,优化国家间数据确权与流动治理、协调数字产品关税以及数字货币治理,规避基于强势霸权而失调的国际价值链利得分布,形成新的全球协调治理秩序。

3. 人的经济空间内短期局部高效率发展

短期局部层次是指在人的单元经济空间内主要涉及供给侧的供应链体系、市场配置环境以及市场运行监管等局部的短期均衡经济活动领域。经济活动已有的数字化变革主要发生在这一领域,并大范围重构了该领域的产业经济内容体系与运行模式。

该层次的经济治理主要体现为三个方面:**一是供应链的数字治理**。数字化供应链管理平台的核心是构建企业入链及退链规则、产品信息接轨、库存信息与物流信息传递规则,进而打通供应链上下游企业供需信息,实现全供应链的智能化、自动化运行,提升供应链竞争力。**二是市场的云治理**。云治理是指对经典消费市场之外被线上化的诸多市场的治理,主要包括云签约合同效力管理、线上拍卖与招投标市场竞争规则等。**三是市场运行风险的数字治理**。它不仅包括常规状态下的运行风险治理,如金融风险监管、产品质量安全以及知识产权侵权治理,也包括非常规的重大外生冲击下的市场运行治理,如人类传染病疫情环境中劳动力跨区流动的数字治理。

当前,长三角数字经济治理,主要在区域一体化治理、抗疫情型经济恢复治理、参与全球开放治理、数字监管以及政策实施与政商关系治理等方面,已经初步构建起趋于系统化的运行体系,展现出高效治理效能,驱动长三角高质量经济发展。

（二）长三角经济治理的数字化变革进程

1. 数字治理引致区域一体化的机制与治理模式变革，强力驱动长三角高质量一体化进程

数字治理有力削弱区域一体化过程中面临的跨区治理成本约束，加速区域经济一体化机制与治理模式革新，在产业一体化、营商环境治理及知识产权规则协调、城乡融合治理等维度均取得重大进展。

在产业一体化治理方面，产业一体化数字治理模式加速形成。 数字治理首先表现为其本身成为数字产业化与产业数字化不可分割的底层环境。其次表现为以工业互联网、数字供应链等为数字治理平台，行业治理主体、渠道向数字化转型，驱动长三角各城市间的产业联盟、产业链与集群治理机制数字化，形成产业一体化数字治理新模式。现阶段长三角可在垄断产业和竞争产业，传统产业和新兴产业细分领域形成产业一体化数字治理新机制新模式，实现产业精细化数字治理。

数字治理加速实现长三角政务服务、知识产权保护等营商环境对接，一体化水平与治理效能同步提升。 跨区间营商环境一体化传

统上主要面临信息对接、信息甄别等治理成本问题,数字治理则主要通过对个体公共事务及企业商事信息进行一次数字认证、加密保护、全域识别,大幅压缩跨区域治理成本,进而实现区域治理体系与能力一体化。目前,面向高频政务服务事项,长三角已经实现线上"一地认证、全网通办"。基于区块链技术实现智能合约式的数字产权交易,大幅精简优化了数字产权确定、侵权取证以及维权等治理流程。数字企业平台本身也成为重要的营商环境数字治理主体。如阿里巴巴等发布全国首个营商环境保护平台"营商保",共同解决商家在实际经营中的痛点和难题,打造良好的营商环境(参见表1)。现阶段可将"营商保"扩展至整个长三角三省一市,通过打通数据壁垒,促进营商环境全面一体化。

表 1 长三角地区数字经济治理进展

●	2019 年 5 月,安徽芜湖召开 2019 年长三角地区主要领导座谈会后,长三角政务服务"一网通办"正式开通运行,打通电子身份统一认证、商事数据对接等模块,跨区域营商环境一体化与数字治理效能大幅提升
●	2019 年 10 月,浙江杭州成立长三角数字经济产业联盟,在推进长三角数字产业一体化方面发挥第三方数字治理功能
●	2019 年 8 月,作为企业级参与营商环境数字治理的尝试,阿里巴巴发布全国首个营商环境保护平台"营商保",通过人工智能技术,协同政府、商家和消费者等各方力量,共同解决商家在实际经营中的痛点和难题,实现营商成本一致化

续表

	2019年5月,上海、南京、杭州、合肥等主要城市知识产权管理部门共同发起成立长三角地区知识产权保护与服务联盟,推动了数字经济条件下知识产权保护规则的协调创新,并探索基于区块链技术的知识产权保护流程简化
●	

注:资料源自各级政府新闻网,下表同,不再单独说明。

乡村治理模式数字变革助推城乡经济一体化。乡村治理是国家治理的重要组成部分。乡村治理数字化以打通城市乡村之间治理要素交互渠道,提升乡村治理能效为目的,同时也为城乡经济要素互补配置提供新渠道,从而推进城乡经济一体化。它要求运用互联网、物联网思维与技术,一方面驱动乡村土地、劳动力要素动态管理,另一方面链接引入上级部门以及外部城市人才参与乡村治理,实现乡村治理主体协同化,治理理念现代化与治理方式数字化。

2. 数字治理迅速重建疫情冲击下的经济,有力支撑长三角率先复工复产与经济重启,成为常态化疫情防控框架下的经济治理新模式

数字治理使人类经济运行的主导治理方式由线下治理转向线上治理,对常规状态下供应链对接、劳动力要素流动管理,以及市场配置等短期经济治理环节进行了全面融合替代。数字治理体系具有天然的"抗冻结""抗隔离"智能效应,在疫情下长三角复工复产进程中展现出强大力量。

"健康码"——通过对劳动力个体疫情风险系数的数字标识,超越一刀切式封闭卡点设防,降低劳动力流动治理与风险治理成本,构成常态化疫情防控框架下劳动力跨区流动精准治理新模式。新冠肺炎疫情催生了以"健康码"为标志的数字治理驱动经济运行智能化解决方案(参见表2)。"健康码"通过共享多部委的数据资源,对人员轨迹和相关密切接触者进行大数据分析与筛查,消除信息不对称,提高社会治理效率,并推动后疫情时代长三角地区分区分级风险治理与率先复工复产。现阶段长三角可推动"健康码"从前期的"战疫"管人转向常态的健康赋能,拓展"健康码"适用地区和场景,实现长三角完全互认,不断丰富"健康码"的数据资源接入,拓展"健康码"的功能,并积极探索更多有助于长三角经济高质量发展的数字新产品。

数字化供应链管理平台——打通供应链上下游企业产能、库存与物流信息,实现供应需求线上调配,保障长三角产业链稳定运行。疫情倒逼数字化治理创新。数字化供应链管理平台借助数字技术搭建起商家、电商平台和买家的桥梁,打通供应链上下游企业,保障企业复工复产。疫情期间,为保障全国企业高效复工,京东携手行业内外多家企业启动"企业复工保障计划",帮助企业应对生产经营物资供给及中小企业资金资源短缺等问题。现阶段可借助数字化供应链管理平台,一方面,恢复和弥补受损的国外供应链;另一方面,实时监测和满足国内需求的恢复性增长。

表 2　常态化疫情防控框架下的数字经济治理体系建设进展

● 2020 年 2 月,长三角三省一市视频会议提出建立长三角"健康码"互认通用机制。长三角区域合作办公室印发《关于进一步做好长三角"健康码"互认通用机制落实工作的通知》,提出上海"随申码"、江苏"苏康码"、浙江"健康码"、安徽"安康码"已实现业务互认及数据共享。按照"绿码互认""持码通行"原则,持居住省市绿码的人员可在长三角区域自由通行
● 京东携手行业内外数万家合作伙伴启动"企业复工保障计划",对企业生产运营物资的快速寻源对接、远程在线协同等数字化转型提供技术支持
● 安徽省针对企业反映的生产资质、生产设备、技术改造、原材料供应、交通运输、电力保供等方面比较集中的困难和问题,实行数字化的"台账销号式"管理,有力驱动疫情下产业链稳定运行
● 上海、江苏、安徽相继启动"云签约",项目招商、对接及协议均可在线上达成,相应的合同具有同等法律效力,实体市场的交易决策功能正在线上市场治理框架下替代运行
● 长三角 G60 科创云平台,在深化供需对接、科技合作攻关、成果转化、人才和知识产权服务等方面一定程度上实现"零接触"运行

　　云市场——通过数字技术搭建经济主体的线上决策平台,创建决策参与规则,保障市场配置与交易功能,构成常态化疫情防控框架下"零接触型"市场配置新模式。突如其来的疫情对区域经济产

生巨大不利影响,主要体现为线下投资审批、商品拍卖、项目签约、项目建设等投资活动因人员隔离而被冻结,数字治理则为重启市场运行提供了可能。云审批、云签约、云拍卖、云会议等一系列云化市场,对线下市场运行的环节与治理功能进行了线上化替代。现阶段长三角区域可制定和出台针对云市场运营行为的管理规范,完善云市场环境,保障云市场的长期健康可持续发展。

3. 全球数字治理是国际经济治理的焦点领域之一,长三角成为推动全球数字贸易治理创新的重要策源地

在国际经贸领域中,长三角数字治理的目标是围绕全球数字贸易治理体系中我国的核心诉求,以高能级数字贸易平台为核心,支持 WTO 数字贸易改革,推动中国成为多边数字经贸治理体系的重要主导者。其中,以阿里巴巴为代表的企业级数字贸易平台已经成为主动参与全球经济治理的有效突破口。上海进博会也逐渐上升为新的国家级全球数字贸易对接平台。长三角作为数字贸易最活跃的地区,可在"跨境数据自由流动""数字存储本地化""可传输的数字产品关税待遇""传统贸易投资规则对数字贸易的适用性""全球数字贸易知识产权保护"等方面探索形成我国利益的核心诉求,对接和积极倡导 WTO 数字贸易改革,推进数字贸易规则谈判,积极推动区域和次多边数字贸易规则构建。

4.数字时代的市场经济监管复杂度远超传统政府治理能力边界,数字治理带动长三角市场监管模式与效率升级

数字经济发展需要相匹配的市场监管与数字治理。长三角在产品质量一体化监管、金融"沙盒"监管、市场综合监管、生态联防联控等领域,成为全国构建现代化市场监管体系与能力的创新试验场、经验输出地(参见表3)。

数字治理链接线上线下资源,形成智能市场综合监管。数字治理以数据融通多个领域,具有跨界融合的属性,然而市场监管往往涉及多个政府部门,监管机构之间的边界难以界定。在实际监管过程中,监管机构难以建立高效的协同机制,从而形成监管合力。建立高效稳健的市场综合数字监管体系,现阶段需要构建三大模块:进一步完善企业身份信息电子认证系统,实现企业信息动态互通;在技术上建立市场监管算法模型,基于区块链构建经济行为追溯系统;在机制上,构建区域一体化智能市场监管系统,实施线上线下一体化智慧市场监管。

数字监管是金融监管的不二选择,数字治理通过大数据追溯体系构建金融全过程监管。基于数字技术构建市场监管行为追溯系统,融合传统市场追溯行为与数字技术,实现对数字经济交易全过程的监管,确保可以追溯到经济行为源头、追踪经济行为流向、查询经济行为信息、追究经济行为责任,保障公众经济行为安全。现阶

段长三角可推进金融监管"沙盒",通过适当放松参与实验的创新产品和服务的监管约束,激发金融创新活力,未来在金融智能监管系统的基础上,推动构建由事前准入及测试、事中实时动态监测、事后风险处置反馈系统组成的智能环路监管机制。

表3　数字治理驱动长三角市场综合监管模式与效率升级

●	上海、浙江、江苏三地区列入央行金融科技监管创新试点,被称为中国版的"沙盒"监管正在探索先行,"沙盒"监管通过适当放松参与实验的创新产品和服务的监管约束,激发区域金融创新活力,实现金融科技创新与风险管控的双赢局面
●	长三角地区"九市一区"(南京市、苏州市、扬州市、杭州市、宁波市、金华市、合肥市、芜湖市、黄山市和浦东新区)市场监管局共同签署了网络监管合作协议,旨在借助大数据、云计算、人工智能等科技力量,对制假售假、虚假广告、市场舆情、网络侵权等进行全网监测与联合惩戒,市场综合监管效率将大幅提升
●	浙江省率先开通全域生态环境治理协同治理平台,通过充分利用物联网、大数据、人工智能等先进技术,形成日益精细、智能的生态环境信息化管理体系,构建环境监管、科学预警、智能响应、监督评价一体化运行机制

数字治理助推长三角生态环境智能联防联控。通过物联网和云计算技术应用提高环境管理水平、提升环境执法效能,建立能有效防范环境风险和实现环境科学决策的智能化平台。现阶段可构建生态环境智能网络,完善检测技术,明确检测主体责任,"属地考

核属地检测",提高区域环境检测质量;促进环保与公检法数据互通互联,促进区域环境检测质量;推进区域生态环境数据三个一,即"一本台账、一张网络、一个窗口",全面提高生态环境检测自动化、标准化和智能化。

5. 数字治理为克服传统产业政策固有缺陷提供重大新契机,推动经济政策精准化,更好地发挥政府作用

囿于认知局限和激励扭曲,传统产业政策往往失败。数字治理创建政商两界高效信息桥梁,降低政策制定与实施过程中的信息甄别成本以及调整成本,推动产业政策全面精准赋能与竞争增进,形成新一代政商关系。

数字治理通过改造信息不对称结构,助力推进产业政策的精准甄别。产业政策的精准甄别要求政府正确把握产业政策的制定方向与目标,遵循适应和引领经济发展新常态的逻辑,把改善供给结构和培育新动能作为制定和实施产业政策的根本方向,数字治理通过数字技术帮助政府识别产业间及产业内资源的不平衡配置或企业反馈的其他问题,从而实现政策制定的精准甄别。基于企业或行业的数据资源,数字治理为政府科学精准甄别产业政策提供支持,最终实现资源高效配置和产业结构优化。

数字治理拓展政企互动的形式和渠道,助力构建新型政商关系与产业治理平台。数字治理通过搭建政企不间断交互平台及反馈机制,不仅打通了政府市场信息,而且将更多参与方引入行业治理体系中,形成产业治理共同体。长三角部分城市已经开始将数字治理运用到产业政策制定与实施中,其中杭州"亲清在线"数字平台进入应用阶段。平台设置的多功能模块,直接促进了政企之间的在线互动,建立了政府线上主动向企业家问计求策的高效程序与"亲清政商关系"。现阶段亟须将"亲清在线"的成功做法和经验推广至整个长三角,结合各个城市特点,不断优化完善,构建长三角统一的新型政商关系与产业治理平台。

(三)健全数字治理体系与能力以促进高质量发展的实现路径

1.健全面向数字产业的数字治理共同体,加速构建数字型现代经济产业体系

三省一市应出台举措,推动形成更具针对性的长三角数字产业功能分工体系,要求政府主动调动领导企业在虚拟层、虚拟—物理交互层搭建协同分工、高效运转的数字产业链与数字产业集群,提高长

三角数字产业的生态链安全性与全球影响力。具体而言,可加快设立长三角数字经济协同创新中心,辅助和支持长三角各区域产业数字化,并在长三角各省市设立分中心。另外,加紧建立长三角产业数字治理协调委员会,完善产业治理组织,协调企业、地方政府、平台型组织、数字技术服务商、科研机构,构建多中心的数字化治理系统。

2. 推动数字治理与实体治理深度融合,完善数字化第二经济治理体系,形成抗感染、抗隔离的经济运行系统

第一,建立长三角统一的疫情防控五色检测图。基于科学分析产生的疫情"五色图",以红橙黄蓝绿五色依次代表疫情风险高低,能够反馈县域、省域各个层面的疫情恢复发展情况。三省一市应强化数字技术支撑,在"五色图"的基础上,升级建立省域、县域经济监测"五色图"以及其他各类图谱,如以"产能恢复率五色图"监测产能的恢复情况,以"企业复工率五色图"监测企业复工复产情况。同时,还可以开发其他"五色图",采用多样化的动态衡量指标实时监测各地区产业创新能力、中小企业发展、减税降费政策兑现、区域经济风险防控等信息。

第二,进一步建立能够反馈供应链风险的工业互联网治理平台体系。以"物联网+大数据"构建能够反馈物流运输与仓储全流程的可视化供应链管理体系,通过自动化数字技术减少供应链反馈时滞,降低供应链体系的信息不对称,增强产业链"链主"企业的数字治理功能,实现产业链上中下游企业的资源密切协同,推进企业之间协同制造、产能共享。

3.以数字治理进一步驱动经济单元内协调过程,形成具有超大需求规模支撑的一体化的经济市场空间

第一,建立长三角城市群积分互通数字平台,实现各个城市积分落户的互通互认,积分一体化带动户籍制度一体化,促进劳动要素有序流动,推进劳动力要素跨城市高效配置。

第二,建设"长三角数字乡村 APP",全面推进数字乡村与乡村治理数字化。借鉴推广浙江等地区农业数字化治理的经验做法,将数字技术融入农业发展当中,建立大数据辅助科学决策和社会治理的长效机制,实现乡村经济高质量发展,乡村治理精准化、服务高效化,以乡村治理赋能助推城乡经济空间一元化。

第三,完善知识产权交易数字治理。三省一市应建立完善数字市场产权信息发布和披露制度,完善知识产权跨区域交易制度,逐步拓展权属交易领域与区域范围。将产权交易信息数据纳入产权数据库中心,作为数据治理的依据,加快利用区块链技术实现智能合约式的版权交易,创新简化数字产权确定、维权等治理流程,进而以规范化的数字治理促进构建长三角一体化的产权交易市场。

4. 进一步扩大数字治理的主体范围,降低信息不对称,建立亲清、赋能型的新型政府市场关系

第一,扩大"亲清在线"政商关系治理平台能级。杭州"亲清在线"数字治理模式提供了数字社会治理的一个优秀典范,使得政策制定中政企的信息互通与高效协同成为可能,对长三角区域其他城市能够形成辐射作用。未来应进一步以数字技术为中介,提升直接对接企业、员工的高效接收与反馈信息的平台服务能级,拓宽市场主体与政策制定者之间协同治理渠道,满足政府政策精准制定与企业商事信息反馈、问题解决需求。

第二,提高经济运行数字监管效能。针对供给侧产品质量监管、企业信用领域发生的纠纷事件,及时补齐市场监管治理缺口,可以质监大数据三维信息模型为基础,推进建立基于大数据、人工智能等数字技术的质量监管信息平台,解决供给侧产品监管问题。同时,以数字治理推进金融监管,其核心在于把相关的行政法规作为前置法规不断加以完善。因此应着重加强信息披露和信息获取机制的构建,加快实体金融及互联网金融登记披露服务平台的建设,以便于政府部门追溯囊括项目信息、运营信息、合同信息及资金存管流水等的数字信息。

二、数字治理与高层次产业协同创新

协同创新是以知识增值为核心，企业、政府、知识生产机构和中介机构等参与的，为实现重大科技创新而开展的大跨度整合创新模式。长三角要建成全国贯彻新发展理念的引领示范区和全球领先的科技创新高地，区域内协同创新体系建设是关键，通过区域内产业协同创新，让越来越多的产业实现与世界并跑甚至领跑。长三角区域正在形成集成电路、人工智能、生物医药、高端装备、新能源汽车等领域的科技创新高地和世界级创新创业热土，整体创新能力显著提高。

但是，长三角区域的协同创新效率仍明显落后于美国旧金山湾区、日本东京、英国剑桥等区域。究其原因，一是行政边界刚性和GDP竞标效应，导致省（市）之间产生"筑墙效应"，相互之间主要呈现竞争的、割裂的格局，导致区域内产业同质性和规模化竞争，越是经济优势区域，越可能想方设法构筑"单向"制度边界篱笆，即流入越多越好，流出越难越好。二是资源配置刚性和资源抢夺效应，地方财政分配制度和绩效考核制度下，出现省（市）之间资源争抢、人才争抢、企业总部争抢，上海市具有明显的虹吸效应，其赋能效应则不充分。三是市场机制缺失或者缺位，阻碍资源的合理流动和有效配置。为什么"近邻不如远亲""以邻为壑"？因为制度阻碍了市场决定性作用的发挥。以本次新冠肺炎疫情发生后的情况看，三省一市之间相互严控，医院互不开放、医疗资源难以协同、人口流动各自防控，就是最新的例子。在垂直化、条线化治理体系下，"各人自扫门前雪,莫管他人瓦上霜"。

长期形成的孤岛效应在传统技术范式下难以破解,但数字技术范式发展给长三角区域产业协同创新带来了可能。对应行政边界刚性、资源配置刚性和市场机制缺失,数字经济时代由于出现了虚拟数字空间,突破了传统行政边界;由于出现了数字战略资源,突破了资源锁定效应;由于出现了数字治理体系,突破了市场治理机制缺失的约束。未来长三角产业协同创新的基本思路是"盘活存量、创造增量",通过产业数字化为长三角产业的创新赋能,通过数字产业化引发增量创新。

为了真正推进长三角区域内产业协同创新,必须建立起以企业为主体,以创新要素为核心,以市场机制为基础,以数字治理为保障的区域科技创新体系。首先,激发主体创新活力。要依靠企业、高校、科研机构等创新主体参与一体化创新的内生需求,特别是企业要发挥协同创新主体作用。其次,创新要素有序流动。发挥数字资源低成本流动的特征,让数字要素按照市场机制,在区域内低成本流动、跨行政边界流动、全球化流动。再次,建设创新要素市场。协同建设人才生态系统、科技金融系统、网络基础系统、技术供给系统,发挥市场的决定性作用,解决好区域内数字要素有序供给。最后,数字治理基础设施有所突破。让数字治理成为区域创新基础设施重要组成部分,依靠数字治理最大限度地消减传统治理制度障碍。

（一）产业协同创新的数字治理基础——数据治理

数字治理是一场广泛的技术革命，更是一场深刻的治理变革，它已经成为与法律制度、社会习俗、市场规范等同乃至更为重要的治理规则。数据治理是数字治理的基础，实现对全社会越来越庞大数据的有效管理与组织；数字治理依托的是数字化技术和手段，实现对全社会有效的组织与运行。两者互相依存，构建起完整、高效、安全的数字组织管理体系，同步围绕数据构建统筹高效的区域数字治理体系。根据数据治理和数字治理的关系，通过数字治理实现长三角区域协同创新，就要以数据治理为基础，以企业组织和产业体系为对象，促进企业和产业的协同创新。

数字治理作为区域产业协同的基础设施，其内涵从传统的交通、通信和交易等设施，演化为以 5G 网络、物联网、数据中心、人工智能等为代表的数字"新基建"，形成以数据为中心，以网络和运算为关键，支撑创新要素流动的新型底层架构。底层架构渗透至新消费、新制造、新服务等各类产业，支撑全域产业协同创新。我们把数字"新基建"建设与运行的治理规则称为"数据治理"，包括规范跨区域数据产生、存储、交换、共享、使用与披露等环节的主体行为规则，数据所有者、流通中介、使用者和其他利益相关者的权益关系，政府、市场、企业等多元主体在治理结构中的关系与作用定位。数据治理是长三角产业和企业协同创新的基础。

做好长三角区域的数据治理,需要关注三方面工作。

1. 梳理长三角数据治理的现状与特征

数据及其直接相关的知识来源于政府、企业、平台、非政府机构与个人。受制于政府管理部门化和信息安全制度等因素,数据治理普遍存在数据碎片化、部门化、地域区块化等问题,不同来源的同一主体相关数据或同一领域数据的质量与可靠性参差不齐,数据难以有序流动、交互与利用。尽管如此,长三角区域内数据治理仍是领先于全国的。例如,区域中设立了专门的数据管理部门——数据资源管理局(或者大数据管理局),统筹掌握地区数据的社会分布,制定数据管理政策等。2020年新冠肺炎疫情期间,数字技术在患者诊疗、疫情地图、人群追踪和分类管理等四个方面发挥了重要作用,在数字技术保障(如在线教育、无接触购物和配送、远程协同办公)、社会运转方面也发挥了重要作用。在疫情结束后,数据治理机制可深入延伸到一般领域,对区域产业协同创新产生深刻影响。

2. 完善长三角数据治理的体系结构

这包括数据治理组织管理体系、数据拟资源化与共同市场、协同治理战略框架布局三大部分。**数据治理组织管理体系。**需要定期就长三角数据资源化边界和侧重点、产业发展战略进行协调,通过数据治理组织管理体系,推动数据汇集共享,建立更加科学的决策支撑体系。在组建数据治理机构时,要打通部门数据壁垒,建立跨行业、跨领域、跨区域的数据共享网络。为了进一步保障信息和数据安全,需要发挥党委政府在数字治理组织中的关键作用,围绕共同"数据池"探索打造长三角跨地区的政府、企业和市场协作组织。**数据拟资源化与共同市场。**根据数据可开放性(根据数据脱敏程度判断)和可使用性(指数据质量与可靠性等),分类分级进行资源化,形成长三角跨区域数字资源监管与使用规则,包括制定不同类别数据资源开放性的机制和法律保障措施;运用区块链技术和数字化跟踪等手段提高数据资源可使用性;建设长三角数据资源共同市场,发挥数据资源管理局的市场专业监管者功能,做好数据资源的政策协同、数据流动管控和市场培育。**协同治理战略框架布局。**三省一市找准自身定位,根据数据资源特点,开展高层次分工合作,实现区域内产业协同创新。基础性工作包括三省一市对产业链进行解剖以形成产业端,对主要产业板块进行角色画像,等等。产业长期战略性协同的目标是实现产业的创新驱动发展、高端要素集聚、产业集群效应和对周边省市的带动效应。

3. 编制长三角数据治理规划

实现数据赋能产业协同创新的基础性工作包括:优化长三角

5G网络整体布局;大力推动生产性服务业的网络化、平台化与数字化发展;通过区域实体平台和在线服务平台(如阿里电商平台、城市大脑平台等)建设和政策引导,实现基于创新的创业支持专业化、区域一体化;以美国加州湾区、日本东京湾为对标,形成具有世界领先水平的长三角协同创新产业生态。以生命健康产业协同创新为例,做好中长期规划,**一是要塑造数字化赋能的服务能力**,如医疗健康数据治理,生命健康产业端画像,区域间差异定位的医保政策协同。**二是做好需求管理服务**,通过数据治理,在保证个体隐私和信息安全的基础上,区域内可以差异化满足患者的需求,扫除产业协同的需求障碍和制度障碍。

(二)产业协同创新的数字治理体系

长三角区域要实现协同创新,就应该遵循市场规律,实现创新要素流动和配置的最优选择。由于平台组织、网络组织和生态组织的发展,企业和产业是有条件按照市场规律实现协同创新的。从经济意义上说,决定经济组织治理的,是外部交易成本和内部控制成本,行政边界不是经济组织治理的外生变量,经济活动不受行政边界直接约束。所以,数字化所带来的主体虚拟化、过程智能化、要素数字化、组织平台化,可以为长三角区域内数字链、物流链、创新链通过四元空间低成本交融,为各类创新主体提供低成本的创新要素,在区域内实现数字产业化增量创新和产业数字化赋能创新。目前,长三角区域内的医疗健康、数字教育、纳米材料等创新性产业,由于产业大数据是分割治理的,省域或更小区域的产业协同度低,大数据难以有效降低创新的边际成本和提高创新的边际收益,建设好长三角大数据基础设施协同共享体系,是区域内产业协同创新的共同需求。以本次新冠肺炎爆发后的医疗健康产业为例,长三角各类医院、丁香园、微医、微脉、春雨医生等平台企业,与阿里云、每日互动等数据公司建立了"产业创新生态系统",依托"健康码"等工具,让长三角区域内三省一市实现远程治疗、医疗服务共联共享,区域行政治理边界被撕开了口子。以下聚焦新型企业组织形态,提出如何构建区域内产业协同创新的数字治理体系。

1. 数字时代企业组织正在发生革命性变革

传统企业组织有明确的组织边界、固定的组织形态、稳定的科层结构和标准的绩效体系,这些特征是企业同时追求外部交易成本和内部控制成本最小化而演化的结果。企业依托数字基础设施,组织间交易费用可能趋向于零,逐渐瓦解科层组织的优势。长三角区域有阿里、个推、拼多多等企业,借助大数据、云计算、人工智能等技术,正在从科层控制走向民主治理,组织结构从垂直走向扁平,这就为长三角企业组织之间的员工合作、团队合作和企业合作提供了可能,通过区域开放创新体系,让个体和组织参与跨区域合作,突破传统科层组织边界,形成全新的产业协同创新生态体系。

在数字经济时代,长三角是全球最有条件突破传统企业边界,创造区域一体化市场的区域,目前仅仅是淘宝天猫、蚂蚁金服、菜鸟网络、网易严选、拼多多等实体组织的存在,就足以支撑长三角构筑一批以平台组织为内核的"产业经济体"。在这些核心组织周边围聚着分布于全国甚至全球的百万级、千万级规模的中小微企业,由此形成了长三角区域内以平台领导者为网络核心节点的多个生态系统,生态系统内平台领导者和平台互补者相互协同,自然就实现了区域内外产业的协同创新。领导者搭建了平台,区域内外平台互补者则通过提供互补产品与服务、互补资源与能力,为生态系统赋能。为了让长三角区域内形成有序的产业协同创新体系,数字治理就成为经济治理的最有效手段,通过数字治理驱动创新,发挥平台领导者的总机关作用,为区域打破行政边界实现协同创新提供了制度保证。可以说,数字治理制度设计得好,就能给创新生态系统赋能,成为全球数字创新的高地;如果设计得不好,就可能扼杀区域创新系统的活力。

2. 企业组织演变为产业协同创新创造了必要条件

传统企业组织向平台型、生态型的新型组织演变,引致了产业创新体系的四大变化。一是创新主体虚拟化。创新生态系统中的主导者和参与者在线上实现交互,个体和组织两类创新主体之间的合作模式日渐显现多样性、可塑性、虚拟化,突破了空间结构的限制。二是创新要素数字化。大数据、云计算、人工智能、区块链等技术正在改变人流、物流、知识流、资金流和信息流,推动创新要素流动方向和流动速度的变革,为区域协同创新提供全新的边界条件。三是创新过程智能化。人机交互和深度学习正在改变创新过程,平台组织和网络组织为创新合作者之间创意交互、流程重构、商业共创提供了全新空间。四是创新组织平台化。依靠虚拟现实技术,虚拟信息空间大量涌现,以双边平台、多边平台、生态社区、创新社群为代表的新型创新组织,不再受线下物理世界的创新空间限制。从创新主体、创新要素、创新过程和创新组织的颠覆性变化,可以发现,数字时代的长三角是大有作为的,如果能够把长三角产业协同创新与行政、社会和经济一体化互补协同,就可以把区域一体化落到实处,为区域建设成为全球创新策源地,提供巨大的想象空间。

3. 多元治理主体是产业协同创新的制度保障

企业组织演变为产业协同创新提供了可能性,但也带来了整个知识产权制度、创新伦理责任、技术风险控制、成果共享制度的全新挑战。按照传统组织理论,这些问题的治理是通过国家治理、政府治理和社会治理来共同完成的。数字经济时代,创新主体虚拟化、创新过程智能化、创新要素数字化、创新组织平台化,导致区域创新主体边界模糊化和行为交互化,迫切需要建立区域联动来设计数字治理基础设施体系,重新修订或者定义治理主体的功能和方法,为区域协同创新体系建设提供制度基础和设施保障。

国家。国家现有法律和制度体系是以线下物理世界为基本逻辑的,对于线上虚拟主体的治理存在制度缺失。具体从三方面分析。一是数字资产自身的治理问题。比如,物质资产与数字资产在所有权、处置权和分配权上存在实质性不同,数字资源所有权和处置权是高度不对称的,所有权与分配权也是高度不对称的。这些问题不解决,就没有办法保护数字创新成果。因此,国家作为治理主体,就迫切需要解决好数字所有权与分配权、数字知识产权、数字创新成果保护等法律和制度建设。二是数据使用和管理之间的权属关系问题。这次新冠肺炎疫情发生后,法律界发现2007年施行的《中华人民共和国突发事件应对法》和2013年修订的《中华人民共和国传染病防治法》,两部法律之间存在不一致之处,原因就是数据治理立法不到位,国家治理效能亟须提高。三是数字治理法律法规亟须突破。长三角区域一体化过程存在大量需要国家法律法规突破的地方,比如,户籍制度、土地制度、税收制度、行政执法制度等,如何充分发挥数字治理的作用,来加快推进研究、修法、立法,为长三角区域协同创新提供法律保障,为数字治理打开一扇门。

政府。首先,数字基础设施应发挥独特的治理效用。数字基础设施是政府治理的"总机关",长三角三省一市要把"四朵云"变成"一朵云",要把区域内几十个"城市大脑"变成一个"长三角大脑",

就能为区域内企业协同创新赋能。其次,打造省域内跨行政部门、省域间跨区域边界的数字协同平台。政府管理具有权威性和权力行使的单向性,直到浙江省提出"最多跑一次"改革后,依靠数据治理和数字治理,才打破了部门行政壁垒,为企业参与经济治理提供了空间。比如个推、阿里等参与到了新冠肺炎疫情防控中的公共治理体系,极大提高了企业协同创新的效率。把这种治理模式扩散到整个长三角区域,开放政府治理边界,为技术层面解决区域内产业协同创新提供了政府治理的新模式。

企业。企业长期属于被治理对象。数字经济时代一个微妙的变化,是企业可以承担政府和市场的代理人和守门人角色,消除市场制度不健全带来的治理制度缺失,发挥数字治理的溢出功能和代理功能。由于企业组织已发展成产业经济体,系统内平台企业作为领导者,整合几千万互补企业和几十亿C端客户,平台领导者就能运用数字治理机制,保证整个生态系统有效运行。企业在这个系统中,首先运用数字治理机制来管控交易的合法性。比如,平台领导者发挥了信用治理功能,通过成交量数据来评价参与者的信誉水平,通过支付系统来发挥交易过程中的担保功能,通过下架假冒伪劣产品来代理工商部门的产品信誉控制。其次,运用数字治理机制来促进创新要素市场发展。平台系统中参与者之间的协同创新需建立在技术要素、人才要素、数据要素、资金要素的流动和配置基础上,平台企业依托数字治理,为技术要素流动提供巨大的市场空间,为人才要素流动提供低成本需求信息,为资金要素流动提供相对较低的成本。再次,运用数字治理机制代理各类政府职能。阿里巴巴、腾讯等生态组织已开始承接税收、人事、安全等政府机构的治理职能,政府把自己的治理权力部分让渡给平台,既可以提高治理效能,还可以打破行政壁垒,新型组织越来越成为市场主体、政府代理、社会治理的混合体,经济体内部的创新能力就可以突破区域行政壁垒,按照市场规则实现有序高效流动,成为天然的协同创新体。

社会。中介组织,如社会组织、非营利性企业、联盟协会、商会和企业家协会等,也是社会治理的重要主体。政府科层式、条线式治理模式反应迟缓、效率低下、成本高昂,而灵活柔性的社会治理方式正在发挥日益重要的作用,社会治理机制与其他治理机制相得益彰,发挥互补效应,构建多元治理体系。社会治理以伦理、道德、文化和认知等隐性路径发挥作用,引导数字经济时代的社会价值、社会正义功能。

以上四类治理主体对应国家治理、行政治理、经济治理和社会治理四类机制,提出了促进产业协同创新的四大数字治理主体、机制和方法。其中,国家治理和政府治理是常规的治理机制,而企业参与的经济治理从过去的治理对象转化为治理主体,社会治理从原来弱补充的治理主体发展成虚拟世界中各类专业机构的高效治理主体,导致产业创新体系协同机制深度变化,构建法律、行政、经济和社会相协同的数字治理体系。

（三）以数字治理促进长三角区域协同创新的实现路径

数字治理需要打破传统的"政府—产业—从业者—消费者"的结构。以数字化、网络化、智能化的产业协同创新平台，取消过去区域间、区域内不必要的中介环节，完全放开数据资源及其他数字化基础资源供给，让创新要素附着于数字化基础上自由流动，实现政府、企业、平台、数字化基础设施拥有者、数字资源拥有者、创新要素个体等共存的制度环境。

1. 优化顶层体制机制建设

顶层设计决定了数字化治理体系布局定位与发展方向。2020年3月，中共中央、国务院发布的《关于构建更加完善的要素市场化配置体制机制的意见》明确指出，要加快培育数据要素市场，推进政府数据开放共享、提升社会数据资源价值，并加强数据资源整合和安全保护。数字化发展中要注重以下三个机制建设。**法治机制建设**。与数字治理相关的市场主体在参与政府治理过程中，必须通过严格的法治机制限定其权限，确保数据采集过程的合法性以及数据的流动性、使用的安全性和保密性。通过建立统一规范的数据管理制度,对数据进行安全级别分类审查,提高数据质量。**协作机制建设**。针对政府与市场主体在数据上共享、分工、定位等问题,必须建立互补的协作机制明确其工作任务,制定出台新一批数据共享责任清单,明确并限定各方职责,培育数字经济新产业、新业态和新模式。政府将部分职能交给市场,实现政府监管者与参与者的双重主体身份。**竞争机制建设**。市场主体参与政府数字治理,具有公共基础设施建设性质,加之数字化平台的特殊性,只有少数有资质的主体能够参与。所以,必须通过建立充分的市场竞争机制,规避在这个过程中的垄断问题和恶性竞争问题,使得市场良性有序发展。

2.打造多元主体共治空间格局

政府服务致力于打造政府与公民、公民与公民间的相互信任与共同合作模式,整体性协商和协调公民与社区团体的利益,营造共同的价值观。政府的职能严格限定在对市场失灵的纠正上,实现政府与市场主体之间的严格归位。**政府职责**是制定规则,确保其有效实施,提高服务效率,营造公平的公民参与治理的社会环境。以人为本的高质量发展内涵下的数字治理体系,强调公民、第三方社会组织等参与现代化共同治理。**公民**是数据资源的提供者和评价者,也是数字治理最终服务对象和落脚点。我们依靠媒体宣传、社会机构培训等形式,充分提高公民治理意识,加大公民参与数字治理的深度,提高公民参与数字治理的水平,避免政府在数字治理过程中出现与市场需求不匹配、滞后于数字经济发展等执行偏离问题。**市场化**是高质量地确保数据准确性的前提。各类治理主体广泛开展治理满意度调查,准确获取公民对于数字化治理体系建设的意见与建议,收集消费者对于各类互联网产品的满意度评价,准确分析治理过程中存在的漏洞与不足,充分聆听公民声音,自下而上推动共同治理。

3. 重视第三方社会组织作用

政府应部分开放公共领域让第三方社会组织参与治理,搭建政府、企业、公民间的开放性桥梁,通过第三方社会治理确保数据及时、完整、可靠传输,依靠市场功能和社会力量弥补政府治理的缺位。具体实践过程中,充分发挥行业协会、商会组织等第三方组织作用,构建涵盖产业经济、公共服务等领域的规范化数据开发利用场景,提高相关领域的数据采集标准化。广泛开展第三方社会组织合作式治理,缩小政府数据治理范畴,不仅能够形成政府数据治理的前瞻化意识,更能够提高与数据相关的服务水平和服务多样性,通过不同机构间内部竞争提升服务效率。第三方社会组织与政府部门职责共享,提升治理效率,降低治理成本,优化资源配置,对市场机制形成良好补充,为实现新常态下我国数据资源的全面应用提供科学方法论。

三、城市大脑赋能城市治理

城市治理现代化是国家治理体系和治理能力现代化的重要内容。以大数据、云计算、人工智能等为代表的新一代数字化浪潮,使数字治理成为新时代推动城市治理体系建设和治理能力现代化的内在需求和必然选择,并将持续推进由"人类、物理空间、智能机器及虚拟信息世界"构成的四元空间的深度融合,进而对政府的治理模式和绩效产生显著影响。城市数字治理的核心是借助信息通信技术和数据处理技术,通过克服城市物理空间的限制,革新原有的社会治理手段和公共服务方式,建立起共建共治共享的社会治理体系和制度,最终起到整体智治、提升城市运行管理效能的目的。2020 年 3 月 31 日,习近平总书记在考察杭州城市大脑运营指挥中心时指出:"让城市更聪明一些、更智慧一些,是推动城市治理体系和治理能力现代化的必由之路,前景广阔。"这为推进城市数字治理、构建现代化城市治理格局指明了方向。

城市大脑是智慧城市的重要表现形式。我国智慧城市建设自 2012 年底开展试点以来,呈现蓬勃发展的态势,截至 2018 年 6 月,全国总计超过 500 座城市明确提出构建智慧城市的相关方案。然而,纵观我国的智慧城市建设,普遍存在项目建设与城市居民的日常需求不够匹配、部门之间的信息共享机制比较缺乏、多元主体协同治理的局面尚未形成、智慧城市建设沦为提高政绩的"摆设品"等问题。这次突如其来的新冠肺炎疫情是对城市治理能力的一次实战检验,绝大多数智慧城市建设成果没能在这次疫情防控和复工复产中做出迅速反应并发挥关键性作用,这充分验证了学术界对智慧城市建设的一个初步判断,即大多数城市还只是停留在智慧城市建设的概念化阶段,城市数字治理能力亟待提升。

近年来,长三角地区不断进行数字技术赋能城市治理的探索实践,涌现出一大批城市数字治理的综合应用工具。例如,为推动政务服务和城市管理更加科学化、精细化、智能化,上海市横向打通了公安、卫生等 22 个部门的 33 个系统数据,纵向推动了市、区、街道、村居四个层级的信息整合,实现了围绕群众高效办事的"一网通办"和围绕政府高效处置的"一网统管"平台;江苏的苏州、扬州、南通、淮安等地横向层面在所有乡镇(街道)全面构建"1+4"治理架构,纵向层面在市县两级全面建立集成指挥中心,形成"三级一体"指挥体系,实现三级联动、一体化指挥;安徽省积极布局"数字江淮"战略支撑高水平社会治理,紧抓江淮大数据中心建设、5G 网络布局和工业互联网建设,推进全省政务、经济、社会公共服务等数据资源的融合共享、服务赋能和开发利用。以打造"数字经济第一城"和"数字治理第一城"为发展目标的杭州市,通过城市大脑建设充分发挥数字治理优势,不仅为此次新冠肺炎疫情防控和社会经济恢复提供了像"健康码""亲清在线""读地云"这样的明星产品作为有力支撑,同时也在数字有效赋能城市治理现代化方面积累了宝贵的经验和做法。

本部分在系统梳理杭州城市大脑通过数字驱动赋能城市治理

现代化做法的基础上，归纳总结可以复制、推广的经验，并试图把城市大脑这一原本适合在一座城市尺度上发挥作用的综合应用平台，拓展到长三角这个更大的区域尺度上，探索通过智慧城市建设助力长三角一体化的路径和对策。

（一）数字治理的综合应用工具——城市大脑

城市大脑是"基于云计算、大数据、物联网、人工智能等新一代信息技术构建的，支撑经济、社会、政府数字化转型的开放式智能运营平台，是数字杭州建设的重要基础设施和综合应用工具"。① 换言之，城市大脑是城市建设发展的新型基础设施、城市数字治理的新平台和服务政府决策的新载体，是数字技术赋能城市治理的应用集成。

杭州城市大脑自 2016 年诞生以来，主要经历了数字治堵、数字治城、数字治疫等三个发展阶段。

1. 以城市交通为突破口，开展数字治堵

2016 年以前，杭州在交通治堵过程中出现了道路资源供给矛盾突出、综合治理协同性欠缺、智能交通使用不充分、数据资源难以

---

① 参见《杭州城市大脑数字赋能城市治理促进条例（草案）》。

融合应用等问题,从而导致已有治堵手段严重滞后于道路交通的快速发展趋势。鉴于此,2016 年 4 月,杭州提出建设城市大脑的设想,并打算以交通领域为突破口,开启大规模数据改善城市交通的探索。2017 年 10 月,杭州城市大脑交通系统 1.0 版正式发布,旨在充分发挥公安交警部门的经验优势和阿里巴巴等企业的技术优势,为推进城市治理体系和治理能力现代化探索路径和方法。经过努力,杭州交通延误指数从 2014 年最高的 2.08 降至 2019 年的 1.64 左右,交通拥堵排名从 2014 年的全国第 2 位降至 2019 年的第 50 位左右。

2. 以便民惠民为出发点,探索数字治城

随着城市化进程不断加快,依靠大量人力物力投入治理城市的传统路径在现代社会愈发难以为继,城市化转型发展面临诸多挑战。面对日益突出的城市病问题,城市大脑坚持问题导向,城市治理最需要解决什么,城市大脑就推出什么应用场景。2018 年 12 月,城市大脑综合版发布,涵盖停车、医疗、文旅、基层治理等九大便民领域,标志着城市大脑从单一的交通治堵系统扩展成为服务民生、支撑决策的综合平台,正式实现从单一"治堵"向全面"治城"转变。截至 2020 年 4 月 1 日,城市大脑建设牢牢抓住惠民便民利民服务的关键,从民生实事入手,不断拓展便民惠民场景应用,推出的 11 个重点领域 48 个应用场景,让老百姓有实实在在的获得感,使杭州成为率先实施"无杆停车场"、实现"急救车不必闯红灯""入园入住无须排队""就医最多付一次"的城市。比如,"便捷泊车"接入全市 95 万多个停车泊位实时数据,根据车位实时状态进行停车诱导推送,35 万个停车位实现"先离场后付费";"舒心就医"场景下全市 260 家公立医疗机构实行"先看病后付费",累计服务 2500 万人次,履约金额超过 10 亿元。

3. 以复工复产为终点线,实施数字治疫

面对此次新冠肺炎疫情,城市大脑实战应用,根据疫情变化精密智控、精准施策,为统筹疫情防控和经济社会发展提供了有力支撑。在疫情暴发初期,依托城市大脑平台第一时间建立"卫健警务——新型冠状病毒防控系统",精准研判人口流动的态势,实时掌握社区封闭式管理动态,实时掌握医院发热门诊就诊人员情况,并通过数字驾驶舱精准下达指令。第一,在复工复产初期,依托城市大脑首创"企业复工数字平台",及时服务企业复工,推动全市 24 万家企业、300 多万名员工在线注册。随后迅速谋划开发"杭州健康码",实现"健康证明数字化、人员管控精准化、全市出行便捷化、企业复工高效化"。截至 2020 年 4 月 1 日,"杭州健康码"申领量突破 1700 万,累计使用量 7 亿多次,日最高使用量超过 2685 万次。第二,在城市运行加快恢复阶段,探索建设"亲清在线"数字平台,实行企业诉求在线直达、事项在线许可、政策在线兑付、服务在线落地、绩效在线评价。平台自 2020 年 3 月 2 日上线以来,截至 4 月 1 日,

已累计为 14.8 万家中小微企业、59 万员工兑付补贴 7.6 亿元,减税降费政策惠及中小微企业,深入贯彻总书记关于构建"亲清新型政商"关系指示。第三,在经济社会秩序全力恢复时段,创新开展云招商、云招聘、云签约等云服务。2020 年 3 月 2 日,总投资 559 亿元的 55 个项目,线上集中签约;探索创立杭州"读地云",向全球发布45 平方公里产业用地;开展"杭向未来云聘会",吸引 10 万多名人才在线面试。第四,在防境外输入时段,疫情防控系统增设境外来杭防控功能模块,在线实现数据共享、信息通报和入境人员核查等功能,确保潜在的风险源全链条可控受控。

(二)城市大脑助力治理体系和治理能力现代化

党的十八届三中全会通过的《中共中央关于全面深化改革若干重大问题的决定》指出,必须更加注重改革的系统性、整体性、协同性,加快发展社会主义市场经济、民主政治、先进文化、和谐社会、生态文明,让发展成果更多更公平地惠及全体人民。城市大脑建设使政府经历了从"权利"治理向"数据"治理的转型,从"经验"决策向"科学"决策的转型,从"静态"管理向"动态"治理的转型,而根本上是在破除痼疾、重组利益格局。

利用城市大脑治理城市,本身就是一场刀刃向内的城市"治理革命",是对传统管理模式的颠覆。因此,城市大脑也遵循新阶段全面深化改革的主要特征,从系统性、整体性、协同性及智治性等四个维度有效赋能政府数字治理,助力治理体系和治理能力现代化。

1. 系统性:实现城市要素资源的高效化配置

事物的相互作用形成系统,系统性是事物的基本属性。系统性要求以系统的思维分析全局,顺势而为;以系统的方法谋划全局,统筹安排,把全局作为观察和处理问题的出发点和落脚点;同时,兼顾各方,善于调动各方面的积极性,正确认识和充分考虑不同地区、不同群体的利益要求,善于把握各方利益的结合点,使各方的利益和发展得到兼顾。

城市大脑建设是一项宏大的信息化基础设施工程,必须坚持系统性理念。在系统思维上,城市大脑始终以城市治理的现代化为改革方向和主线,不断探索点与面(各类城市数据资源与城市大脑数据集)、局部与总体(各类应用场景与增进人民福祉)、创新探索与顶层设计的关系。在系统方法上,城市大脑从经济、政治、文化、社会、生态文明等五个维度设计各级驾驶舱,基于中枢系统的算力支撑,提供准确、实时的数据,为政府理性决策提供依据。

城市大脑是城市治理现代化的系统性解决方案,是为实现要素资源配置的高效化、社会治理的民主化和政府决策的科学化而进行的创新实践,本质上是满足系统内部不同主体的利益诉求,体现改革的系统性要求。

2. 整体性:解决传统城市管理的碎片化问题

数字时代的城市治理不完全是技术上的数字化变革,更是一个数字时代社会的整体性变迁,核心是治理。针对新公共管理带来的碎片化、空心化政府等一系列问题,20 世纪 90 年代英国学者佩里·希克斯最早表述论证"整体性"治理理论。进入 21 世纪数字时代后,整体性理论更多地强调以信息技术为治理手段,以协调、整合、责任为治理机制,对治理层级、功能、公私部门关系及信息系统等碎片化问题进行有机协调与整合。

在整体性维度上,作为信息通信技术集成的信息化综合解决方案和新型基础设施,城市大脑有效实现了以协调、整合和责任为代表的现代化治理机制。首先,城市大脑运用信息技术形成新的连接治理模式,构建了一个互联互通的政府。截至 2020 年 4 月 1 日,城市大脑平台日均处理数据超过 1.2 亿条,纵向到底、横向到边,市、区县(市)、乡镇(街道)、社区(小区)四级和 96 个部门、317 个信息化系统项目互联互通,让公共数据资源的协调互动成为可能。其次,城市大脑推动了整合型政府组织结构的设计,有利于打破传统官僚制职能部门化所导致的碎片化现象。杭州市委市政府在云栖小镇成立了运营指挥中心,下设城市大脑建设工作领导小组及工作专班机制,领导小组由市委书记任组长,各地各部门主要领导为成员,下设办公室,由数据资源管理局负责日常办公。工作专班则由 11 个市级部门专班、17 个区县专班和 1 个综合协调专班组成,进而实现从业务的分散走向集中、从空间的分割走向整体,最终实现治理从破碎走向整合。最后,城市大脑有助于构建激发公职人员责任感的主动性文官体系。围绕经济、政治、文化、社会、生态文明等五个方面,城市大脑设计了 155 个数字驾驶舱,将城市运行核心系统的各项关键数据转换成直观的几何图形、图表和指数,极大地激发了各级各部门的城市治理者参与城市治理的主动性和创造性。

城市大脑部分解决了传统城市管理碎片化、空心化的问题,以协调、整合、责任为治理机制,依托中枢系统算力工具、算法模型,实现政府、企业、社会等数据资源跨业务、跨系统、跨部门、跨领域、跨层级的整体性应用。

3. 协同性:催生共建共治共享的网络化格局

"协同性"治理理念是公共行政领域治理现代化的一个重要维度,在治理理论的基础上,协同治理主要强调合作治理的协同性,指的是处于同一治理网络中的多元主体间通过协调合作,形成彼此啮合、相互依存、共同治理的现代化治理格局。

传统语境下的社会治理以政府为单一主体,政府内部及政府与公众、企业间易形成单向沟通模式。城市大脑为多元主体参与社会治理提供了技术支撑和表达平台,各主体得以更便捷地参与公共事务管理与决策,产生协同效应,共同推动治理方式的变革。首先是实现了区县、街道的协同治理。疫情期间,将"健康码"应用下沉到街道社区,通过疫情防控和社区自治有效结合,变被动应对为主动预防,既降低了行政管理成本,又创造了居民自我管理和相互监督的良好运行秩序。其次是实现了政企协同治理。"便捷泊车"场景将社会公共场地的停车资源接入城市大脑数据平台,实现停车资源的一键调配和有效监管,促进城市要素的自由流动和高效配置。最后是实现政府与公众的协同治理。2019 年,"民意直通车"上线。在这之前,城市大脑大多是从政府的视角分析城市治理、市民服务等方面的难点、痛点问题,进而研究确定建设哪些应用场景,与广大人民群众的广泛互动还不够,导致部分项目建用脱节。下一步,通过民意直通车积极动员全体市民参与,有力推动城市大脑建设。

城市大脑通过多场景应用,充分发挥多元主体协同治理的积极性,体现了政府、市场、数据、技术之间的组合效应,催生共建、共治、共享的网络化新格局。

4. 智治性:打造科学智慧高效的现代政府

2020 年 3 月 5 日,浙江省省长袁家军在省政府第五次全体会议上提出,打造"整体智治、唯实惟先"的现代政府,更好统筹推进疫情防控和经济社会发展。"智治"即智慧治理,是指多元主体广泛运用数字信息技术提高治理效率和质量,避免非理性决策;"智治性"强调要把智能化建设作为社会治理现代化的重要抓手,实施大数据战略,提升数字治理水平。

在智治性维度下,城市大脑使多元管理者可以通过技术创新和市场联动整合城市中大量的数据资源,在算力算法的支持下解决部分"城市病"问题,为市民提供兼具效率和公平的公共服务。信息通信技术的系统集成和数据安全平台的搭建为智慧治理提供技术支撑。城市大脑叠加了云计算、大数据、区块链、人工智能等最新技术,入选国家首批人工智能开放创新平台。特别是区块链技术在城市治理中得到充分应用,融入了不可篡改的技术特征,实现了所有接入方端口目录及元数据共享,确保全程追溯;同时,城市大脑构建了覆盖多维架构的数据安全平台,实时监控数据流动、共享使用情况,构建全生命周期安全监管体系。

当前我国城市正处于转型升级的关键时期,各类社会矛盾和城市病问题频发;城市大脑运用以大数据、云计算、人工智能为代表的数字技术进行城市的数字化治理,是提升治理现代化水平的重要技术平台。

(三)城市大脑推动长三角一体化的实现路径

长三角地区作为我国三大城市群的龙头,是我国区域治理创新的重要试验田。当前,随着长江经济带、"一带一路"国家重大发展战略等在长三角区域的叠加,以及区域内部空间、商业、人才、政务等领域一体化进程的加速,长三角城市群正处于转型提升、创新发展、深度融合的重要阶段。

城市大脑是数字经济背景下数字赋能城市治理的有益实践,与传统城市治理工具相比,更具有一体化优势。从一体化发展的外延看,城市大脑平台突破传统城市发展的边界和阻碍,能真正促进区域内要素的自由、高效流通;在一体化发展的深度上,城市大脑能打破行政壁垒,破除旧有痼疾,重组利益格局,政府的治理水平与效率能得到极大的提升;在一体化发展的广度上,城市大脑能推动区域内产业的转型升级,如5G、物联网、区块链技术等。

"数字长三角"的关键之一即以城市大脑建设引领长三角区域一体化。传统的区域一体化更多的是基于物理空间的一体化,强调产业分工和优势互补;而借助城市大脑这样一个数字化新基建,有利于打破地方政府主导的智慧城市建设模式,最终通过平台化方式推进各大应用场景的落地,打造一个数字协同、城市联动的长三角创新示范区。

1. 编制区域数字治理一体化发展规划

实现长三角数字治理的一体化发展,需要从顶层设计的高度统筹城市大脑的区域性建设,以长三角为整体,促进城市大脑建设的标准化、法制化和一体化,形成区域一体化的公共数据平台和城市治理工具,提升长三角区域整体竞争力和辐射影响力。其中,整体性的战略规划需要强调两个原则:其一,注重城市群、都市圈自身的发展规律。城市大脑作为一项基础设施不可能一蹴而就,城市大脑的建设需要符合长三角城市群的发展规律,以大城市为重点、中小城市为辅助逐步铺开。其二,注重成本共担和利益共享机制的建立。城市大脑既然是一项基础设施,就需要财政资金作为运行保障,城市大脑的区域性建设更需要不同省市之间达成互利共赢的发展态势,进而才能打造中国乃至世界的数字治理综合示范区。

2. 推进标准化城市大脑平台建设

下一步应着重推进各地的标准化城市大脑平台建设。一是应推动长三角数据治理标准的统一;二是打造"长三角政务服务网",借助现代化信息技术提升群众获得感,让"数据多跑路";三是建设安全可靠的长三角区域信息枢纽示范区,实现数据的安全可控;四是搭建长三角区域产业升级服务平台,打造世界级数字经济产业集群;五是以平台化的运作模式及"一块屏"的直观显示方式打造一系列惠及民生和企业的落地场景,促进数字协同和城市联动,从而达到数字长三角深度融合、协同发展的战略目标。

3. 建立城市群尺度的突发公共卫生事件联防联控机制

不同的场景建设适用于不同规模的城市尺度。如突发公共卫生事件需要在城市群尺度上进行联防联控。通过城市大脑平台的建设,打造一个区域性的公共卫生紧急事件应对闭环。在公共卫生事件爆发的初期,依托"卫健警务——疫情防控区域联合系统",研判长三角地区的人口流动态势;在复工复产初期,通过"企业复工数字平台"和"统一健康码"的互相认证有效管理返工人员和复工企业;在各大城市的运行加速恢复阶段,通过"亲清在线"数字平台将减税降费政策惠及中小微企业;在经济秩序全面恢复阶段,开展区域性的政府云招商、企业云招聘、人员云签约等云服务赋能复工复产。

4. 优化重点中心城市尺度的联合决策机制

重点中心城市是推进长三角区域一体化的重要节点,完善重点中心城市的联合决策机制对于数字长三角具有显著的影响。长三角的数字治理除了数据标准的建立,还应该注重联合决策机制的优化。新冠肺炎疫情表明,已有的突发公共卫生事件的决策机制在长三角范围内存在一定差异,启动应急响应的级别和时间不一。优化联合决策机制,应该在制度层面进一步整合重点中心城市的专业机构和综合协调机构。比如,现行政策法规授予了省级政府发布疫情信息的权力,也明确规定了县级以上地方政府制定、执行疫情应对方案的权力。在这一权责体系下,重点中心城市的难点不在于决策权力,而在于决策的机制,即有机会发现公共卫生突发事件的专业机构缺乏决策权,而有决策权的地方政府则缺乏专业的判断能力,这就很容易导致长三角范围内对疫情的决策因地方领导意见不一而做出不同步的判断。在信息流通充分开放的情况下,建立不依赖于地方主政官员个人判断的联合决策机制,是当前提升长三角数字治理能力的重要基础。

5. 打造中小城市尺度的多场景应用和数字驾驶舱

最后是中小城市尺度,以各县市为主要对象。为推动数字长三角的一体化发展,各县市应牢牢把握并统一城市大脑的建设标准和数据安全规范;然而考虑到各城市的发展现状和实际需求,中小城市应坚持以城市病问题为导向,推出各城市相对应的应用场景和数字驾驶舱。这里举出三例可供参考的杭州经验:"便捷泊车",以打造城市级停车服务平台为目标,实现"先离场后付费";"街区治理",通过街区的热力图即时掌握街区人流、车流动态;"欢快旅游","10秒找空房、20秒景区入园、30秒酒店入住",让游客多游一小时。

随着人类社会逐渐步入智能社会时代,虚拟信息世界与物理世界的交互运行将给城市治理带来前所未有的复杂性。杭州城市大脑的产生与发展,恰逢数字长三角一体化建设契机,也是助推长三角一体化的重要治理工具。在长三角一体化和数字治理进程中,不同规模城市需要结合信息技术,把全民共享技术红利作为出发点和落脚点,积极主动地在治理层面进行创新,探索数字网络环境下生产要素、政策供给和智力资源的高效配置路径,从而把数字经济优势和区域发展优势更好地转化为治理效能。

四、数据驱动的社会治理

数据驱动的社会治理是长三角一体化的活力来源。人工智能和大数据技术的快速发展,推动了人类社会从原有二元社会(人类＋物理空间)逐渐发展成为四元社会(人类＋物理空间＋智能机器＋虚拟信息世界)。人类社会进入虚拟信息世界与物理世界交互发展的新形态,带来了人际世界虚拟化、物理世界数字化、智能机器泛在化、虚拟世界常态化和四元空间融合化等新变化。这些新变化一方面为跨行政区域边界的社会治理提供了新场景和新工具,另一方面也为各地的传统社会治理带来了新挑战和新风险。春江水暖鸭先知。长三角地区是我国数字化应用程度最高的区域之一,需要率先回应数字经济发展等带来的数字化社会治理新挑战,激发数字技术在长三角地区加速实现更具整体性、协调性社会治理中的巨大潜力。在后疫情时代,长三角地区一方面需要积极探索数据驱动的社会治理新场景,另一方面需要推进数字技术与传统社会治理模式的深度融合,以颠覆性数字技术撬动颠覆性社会治理变革,探索形成数据驱动的社会治理新局面。

(一)走向后疫情时代:数据驱动的长三角全域社会治理现代化

以数据驱动长三角地区社会治理现代化是落实党的十九届四中全会关于社会治理新格局、新体制和新目标的重要途径。党的十九届四中全会提出坚持和完善共建共治共享的社会治理制度,强调完善党委领导、政府负责、民主协商、社会协同、公众参与、法治保障、科技支撑的社会治理体系,建立人人有责、人人尽责、人人享有的社会治理共同体。在微观层面,数据驱动的社会治理有助于充分发挥"互联网+"的技术优势,更好拓宽群众参与基层社会治理的制度化渠道,使得人民群众成为社会治理的参与者、受益者和评判者。在宏观层面,以长三角三省一市为平台共同谋划数据驱动的社会治理现代化,有助于超越物理空间的区域范围限制,在数字空间实现更具整体性、协调性的社会治理,健全长三角区域一体化的城乡基层治理体系,更好发挥中心城市的辐射带动作用,实现长三角地区社会治理质量的均衡提升。

"数据驱动""一体化"和"共同体"是数字时代长三角地区率先实现全域社会治理现代化的三个关键词。其中,"数据驱动"是以数据范式替代传统的流程范式,旨在发挥数字技术优势,将人的社会属性变成一种可转换为价值的资源,以人或服务对象为中心来开展数字化应用,创造公共价值。"一体化"是指以长三角地区的三省一市为整体,充分运用"互联网+"的技术优势开展全域社会治理现代化的系统设计,以互联互通为特征,构建以城乡基层治理体系为基石,以市域、省域和长三角全域的社会治理体系为依托,加速推动要素资源、公共服务等在城乡、区域间的充分流动和均衡配置,在互动中实现三省一市同步推进的社会治理现代化。"共同体"是指社会治理体系中的共同体，它以社区、村落、社会组织等为具体形态，以长三角一体化的社会治理体系为活动空间，以公共品的充分供给、公共事务的有效治理等为行动目标，致力于构建人人有责、人人尽责、人人享有的社会治理共同体。在数字化时代，数据驱动为社会治理共同体的营造提供了新的工具，也为市域、省域和长三角全域的社会治理现代化提供了新的载体。长三角一体化的社会治理体系是激发数据驱动应用潜力的重要平台，也为社会治理共同体参与实现更高质量的公共品供给和公共事务治理提供了全新场域。构建社会治理共同体是加速推动长三角地区社会治理现代化，型构数字化时代人际交往关系新模式的重要目标。数字长三角战略中的社会治理，将充分发挥数据驱动的技术优势、一体化治理体系的制度优势以及多样化社会治理共同体的行动优势，表现为一个灵活、多样、分层、复杂的社会治理共同体网络体系，为社区居民和社群成员就地开展具有适应性的高水平社会治理提供支撑。

在疫情防控常态化阶段和后疫情时代，数据驱动的社会治理将成为长三角地区社会运行的新动能。当前，伴随着新冠肺炎疫情在我国得到有效控制，我国进入加快恢复经济社会生活秩序的新阶段，大众消费需求逐步升温，人口流动速度和集聚程度再次提升，对社会治理形成了新的挑战。长三角地区是我国区域经济一体化的先锋地区，人口在都市群、都市圈和大中型城市间的高速流

动既带来了经济繁荣和社会活力,也加大了后疫情时代公共卫
生、社会安全等的跨区域治理难题。目前,三省一市均通过创新
数字化应用有效应对高速城市化进程中伴生治理难题的新做法,
如上海市构建"一网统管"平台,杭州市运用"城市大脑"创新,江
苏省打造"三级一体"指挥体系,安徽省提出以"数字江淮"支撑高
水平社会治理的思路。在后疫情时期,长三角三省一市可充分发
挥数字技术优势,联手打造"一块屏",通过横向到边、纵向到底的
基础数据采集和汇集,实现集成共享的数据运用和数字治理,依
托"一块屏"推动跨区域社会治理从各自为政向协调互助转变、从
应急处置向风险管控转变。

在推进长三角经济社会一体化进程中,数据驱动的社会治理要
求开展多元共治,它包含了社会治理共同体的数字平台建构、社会
治理主体能力提升和社会治理数字化应用拓展等三个层面的主要
内容。社会治理现代化要求党委政府积极发挥领导、推动和保障作
用,通过充分发挥数字技术和数据驱动在解决信息不对称、扩展社
会治理可用工具的基础上,不断形成更加广泛的政社共治,提升社
会自主治理能力,拓展社会自主治理空间。当前,社会治理中的多
元主体可以从以下三个方面着手,借助数字技术改善社会治理:一
是社会治理共同体的数字平台建构。政府一方面需要以智能机器、
数字技术等系统重构村、社区等社会治理共同体的传统形态,推动
物理空间虚拟化,另一方面需要革新传统社会组织治理方式,将虚

拟空间纳入社会组织治理体系,推动虚拟空间社会化。**二是社会治理主体的能力提升。**各级政府应当积极培育提升社区、社会组织参与共同体事务治理的能力,夯实线上线下协同的网络化治理体系。**三是社会治理数字化应用拓展。**社会治理中的多元主体应充分借助技术力量,围绕公共品的共同生产、公共事务的协同共治和各类社会矛盾的快速化解,灵活构建数字化社会治理共同体的具体形态。

(二)社会治理共同体的数字平台建构

在数字长三角建设进程中,智能化的未来社区治理场景营造是建构社会治理共同体的基石。社区是城乡治理的基本单元,也是人民美好生活需求的重要载体。社区首先是一个物理空间,与居民的交通出行、教育教学、物业管理等日常生活密切相关。社区也是人际关系网络的重要载体,有利于居民开展社会交往、交流兴趣爱好、组织集体活动等。在数字时代,智能化未来社区治理场景营造包含了智能化硬件配备、生态化环境布局和人本化价值塑造等三个层面。其中智能化硬件配备是指各级政府需要为社区治理配备可接入智慧城市、可开展智能分析的硬件设备。这些硬件设备一方面可以实现社区内部与外部资源的统筹配备,如加入智慧医疗网络,确保紧急医疗等救护服务及时可达,为中心城市的辐射带动作用提供渠道,为区域一体化社会治理提供基础数据。另一方面可以集成社区内部的需求与供给,如最大限度优化车位资源管理,集成社区快递、零售、餐饮配送等服务。生态化环境布局是指以宜居为导向,以居民参与为核心、以专业规划为基础,打造舒适、便捷、自然的社区生态环境。人本化价值塑造是指合理规划、建设社区邻里空间,完善社区自治、建立邻里社群,形成邻里互助的生活共同体。在智能化的未来社区,硬件配备、环境布局和价值塑造是互相支撑、缺一不可的重要组成部分。其中,数据驱动的未来社区智能化硬件配备扩大了社区社会服务的资源来源,拓宽了社区居民参与多样化社会治理共同体的选择途径。生态化环境布局为社区居民开展集体活动提供了必要的公共空间,它本身也是社区居民积极参与治理的重要对象。人本化价值塑造则有助于促进社区居民的社会资本积累,夯实社会治理共同体的根基。

在数字长三角建设进程中,构建"互联网+"社会组织治理平台是激发社会活力的重要来源。 社会组织是最具活力的社会力量,长三角地区是我国社会组织发育较为充分的地区。在数字化时代,"互联网+"社会组织治理体系的构建包含了两个层面的主要内容。一是各级政府应充分发挥互联网、大数据、人工智能等数字技术的作用,构建培育、支持和服务各类社会组织的数字化平台,进一步降低社会组织登记注册的门槛,降低社会组织日常管理的成本。二是各级政府应将依托"互联网"的各类新型虚拟社会组织纳入社会组织治理体系,适应网络空间特征,引导、规范网络空间中的社会组织和社会成员集体行动,形成线上线下一体化有序互动的社会组织治理体系,实现虚拟社会组织和实体社会组织的规范化建设,引导各类社会组织走向自主性、专业化的发展道路。

(三)数字化社会治理体系构建与治理主体能力提升

在数字长三角建设进程中,数字化社会治理的体系构建是夯实社会治理共同体网络,实现社会稳定和谐的重要基石。社会治理共同体既包含了村、社区、社会组织等各类传统组织形态,也包含了多元社会主体围绕不同类型公共品供给和多样化公共事务治理的实际需要形成的任务型社会治理共同体等。这些任务型社会治理共同体是更具动态特征、更加灵活多变的新型组织样态。在数字化时代,长三角三省一市的社会治理共同体建设不只在于形成一些有刚性结构和固定流程的有形组织,更在于充分发挥数字技术的优势,通过构建数字化社会治理体系,为社会主体参与公共事务治理建立互动平台、提供活动空间,为不同地区、不同类型和不同规模的社会主体围绕实际需求开展互动制定规则、维持秩序,使得社会治理主体能够以较低成本灵活地形成解决实际问题的社会治理共同体。三省一市可以社区、村为基准单元,以实体和虚拟的社会组织为参与主体,构建多种类型、不同层次的社会治理体系,满足多样化、个性化和非规模化的社会治理需求。

在数字长三角建设进程中,公共数据治理体系的构建与完善是数字化社会有序运行的规则保障。数据驱动的社会治理需要以高品质的公共数据为基础要素,要求长三角地区构建有利于公共数据广泛汇集的治理机制,实现公共数据的高质量开发、低风险运用,最大限度地挖掘公共数据的潜在价值。构建公共数据治理体系,首先是指三省一市应及时制定、发布并实施《公共数据管理条例》《公共数据开放条例》等地方性立法,为政府、企业等的公共数据采集行为划底线、设边界,充分保障公民的隐私权利、保护企业的商业机密。构建公共数据治理体系,还包括公共数据采集制式、流通标准等的制定,公共数据交换平台的搭建,以及公共数据使用权分配、所有权定价的配套机制等。率先推进公共数据管理立法,创新公共数据治理机制,这既是长三角地区加快构建数字化社会的必要保障,也是能够引领中国乃至世界的数字化转型进程关键一步。

在数字长三角建设进程中,社会组织培育提升是构建政社共治新格局的核心支撑。社会组织是社会治理共同体的重要组成部分。在形成线上线下社会组织一体化治理平台的基础上,三省一市可启动"社会组织培育提升计划",建立省、市、县(区)、乡镇(街道)和社区(村)等五级社会组织联动机制,完善五级社会组织指导网络,依托数字化社会组织治理平台为社会组织提供完善自身组织架构的在线办公平台;选择性培育一批有发展潜力和示范意义的实体或虚拟社会组织,发挥它们的示范引领作用;重点培育一批能够发挥作用的支持型社会组织,为各类中小型和草根社会组织提供资源、信息、能力建设等支持与服务,或履行评估、行业认证、监管等职能;综合运用政府和社会力量盘活社会组织培育基金,一方面重视建立统一的公共服务购买系统平台,防止不同职能部门购买社会组织服务的碎片化,造成财政资金浪费,另一方面通过设立独立运作的公共基金,资助支持型社会组织等方式培育发展社会组织,配套减税政策等鼓励企业以公益慈善或设立专项基金等方式支持、培育社会组织,形成社会组织的良好发展生态。

在数字长三角建设进程中,美好社区营造行动是实现高品质社会治理的关键载体。社会治理的核心是人,重心在城乡社区。在城乡社区广泛开展"美好社区营造"行动,有利于提升居民生活幸福指数。社区营造是指对社区各方面资源的整合和"活化",使居民采取集体行动共同应对社区问题,在居民彼此之间以及居民和社区环境之间,建立起紧密的社会联系,推动社区治理、社区文化、社区公共服务等综合改变。其目标在于推动形成以居民为行动主体,社会组织参与式陪伴,社工人才对居民骨干进行能力建设,社区整合资源支持居民参与社区公共事务,提升社区公共精神,弘扬社区公益文化。在数字化时代,三省一市政府可安排专项资金联合开展社区营造活动,激发社区居民建立线下或虚拟自组织,引导自组织转化为社区公益组织、培育自组织领头人、开展社区公共意识教育、寻找支点撬动总体营造、搭建平台深化社区协商、建立社区基金(会)、发展社区企业。

(四)社会治理的数字化应用拓展

在数字长三角建设进程中,以互联网为依托的社会协同共治是包容性治理的关键途径。传统公共行政是一个相对封闭的决策过程,但经济社会发展的复杂性程度加深要求实现包容性的公共治理,即在城市规划、公共设施建设等重大决策中尽可能充分地考虑不同社会成员的多样化、差异化利益诉求,确保公共治理能够代表最广大人民群众的公共利益。长三角三省一市有着开展参与式治理的良好基础,如上海市在《上海市城市总体规划(2017—2035年)》的制定过程中充分借助"互联网＋"广泛征集了居民意见,浙江省在"最多跑一次"改革中依托政务服务网广泛开展民意征集和意见反馈,江苏省南京市长期坚持"万人评议"政府工作的参与模式,安徽省出台重大行政决策的公民参与程序规定。长三角三省一市唇齿相依,诸多公共事务已经超出了传统行政边界的范畴,亟须针对公共事务的特征构筑更加广泛的公民参与平台,进一步提升各地重大政策的合法性基础。在数字时代,互联网扁平化、交互式和快捷性等优势为各级政府构建超越行政边界的包容性公共决策机制提供了新的渠道。三省一市可充分依托社交媒体、政务服务平台和大数据舆情分析等技术，不断拓宽公众、社会组织及市场主体参与社会协同治理的渠道，加强政府引导、社会组织或市场主体与公众参与社会协同治理，实现社会治理的效益最大化。

在数字长三角建设进程中，打造一体化事务"一块屏"是三省一市应对后疫情时代治理风险、加快推进区域治理现代化的重要依托。新冠肺炎疫情凸显了跨层级、跨地区公共部门联防联控在应对突发公共卫生事件中的重要作用。2020年3月，长三角区域合作办公室发布《关于进一步做好长三角"健康码"互认通用机制落实工作的通知》，充分运用数字技术推动三省一市的数据交换与数据共享，最大限度降低了区域范围内人员流动的障碍，较好推动了复工复产和跨地区的合作交流。在后疫情时代，三省一市可针对跨地区协同治理的一些重要事务，以可流动的人口、属地化的基础设施等为基础单元，进一步推动公共数据共享，建立跨区域社会治理事务的预警系统、风险研判机制和联合应急处置机制，统筹调配三省一市的公共资源及时应对社会治理中的各类突发事件。

在数字长三角建设进程中，数字化云调解是有效化解社会矛盾纠纷，构建多元协商机制的新兴载体。经济社会的持续发展拓宽了社会治理的主体范畴，加大了社会事务的复杂性程度。在数字化时代，各级政府可以综合运用发挥"互联网＋"技术和社会治理共同体等作用,建立多元协商机制,开展分阶段、多渠道的社会矛盾纠纷化解路径,依托互联网建立形成"矛盾纠纷调处全生命周期治理平台"。"矛盾纠纷调处全生命周期治理平台"应建立包含社区(村)等基层组织、政府职能部门、法院、信访机构等相关部门在内的多部门联办机制,针对纠纷事项建立事件档案和调处记录,为分阶段处理矛盾纠纷事件提供扎实的前期资料支撑。针对矛盾纠纷调处的不同类型,平台应分阶段建立多元协商和治理路径,引导社会和公众协同化解社会矛盾。一是在矛盾纠纷的产生阶段,充分发挥社会治理共同体自治、德治等的补充作用。二是在诉前调处阶段,引导矛盾纠纷向诉外分流。三是在诉讼解纷阶段,运用"互联网＋法院"等机构高效优质地化解诉讼案件。四是在矛盾纠纷的信访阶段引导信访疑难案件通过司法渠道解决。

在数字长三角建设进程中,以开放数据为依托的共同生产是实现高水平社会治理的必要补充。开放数据是指由各级政府以公共数据平台为载体,开放可机读、可分析的底层数据。在全球范围内,各级政府的开放数据为社会成员提供了信息整合和公共价值再创造的重要基石。在数字化时代,三省一市可基于开放的数据平台,构建产学研平台,安排专项资金,启动"开放数据、创造价值"的专项竞赛活动,鼓励社区、社会组织和社会成员等围绕公共治理的实际需求,充分运用开放数据提供各类型的公共产品。对于赢得竞赛的个人或组织给予现金奖励,及时促进产品的价值转化。社会主体自发开展或在政府支持下开展的共同生产将实现两个重要目标。一是它能够以公共数据为要素资源投入,为社区等提供基本公共服务之外的非规模化、个性化公共服务。二是它能够以共同生产为契机,进一步促进社会成员在物理空间和虚拟空间中的交往互动,提升社会成员组织开展集体行动的能力,增加社会资本,夯实高水平社会治理的社会基础。

五、整体智治的现代政府数字化转型

　　整体智治的现代政府是长三角区域一体化的关键支撑。长三角地区包含三省一市,涵盖了直辖市、省、设区市、区县市和乡镇街道等多个地方政府层级,存在一个多层级、多中心的行政体系。在传统的政府管理模式下,多中心、跨层级的政府间关系容易陷入协调困境,整体智治的现代政府建设旨在充分发挥数字技术在数据生产、搜集、储存、处理、流通、计算和应用等方面的优势,以标准统一、规范有序为基础,在虚拟空间中有效整合多中心、跨层级的复杂行政体系,在长三角地区打造无缝对接、协同有序的整体性政府治理新形态,最大限度降低要素资源跨地区流动的交易成本,助推区域经济社会发展中的深度合作。

(一)推动区域政务服务一体化:构建整体智治的现代政府新形态

　　整体智治的现代政府是加快推进区域一体化政务服务平台建设,完善我国行政体制的重要抓手。党的十九届四中全会明确要求创新行政管理和服务方式,加快推进全国一体化政务服务平台建设,健全强有力的行政执行系统,提高政府执行力和公信力。在宏观层面,整体智治的现代政府有助于提高部门间的协调配合机制,以标准化推动跨部门、跨层级和跨地区的政令统一,有助于构筑职责明确、依法行政的政府治理体系。在微观层面,整体智治的现代政府能够助推执法重心下移,以规范程序、远程执法等保障基层执法队伍的跨领域、跨部门综合执法,提高基层行政执法能力水平。在长三角地区"一网通办"政务服务平台的基础上,打造整体智治的现代政府,有利于加快长三角地区公共服务一体化进程,也能够快速拉动三省一市在公共服务等领域的均衡化发展。

"整体"和"智治"是现代政府数字化转型的两个核心特征。其中,整体是指整体治理,强调长三角三省一市的地方政府应以民众满意为导向,通过实现跨地区、跨层级治理主体的有效协调,避免将行政成本转嫁给市民、企业家。智治是指智慧治理,是指包括但不限于地方政府的治理主体广泛运用数字技术(如互联网、云计算、大数据、人工智能等)实现精准、协同、高效、有序的公共治理。整体智治并非整体治理与智慧治理的简单叠加,而是两者的有机结合。在长三角一体化进程中,以数字技术为基础的智慧治理为整体治理提供了科技支撑,助力多主体间的有效协调;以协同、有序为目标的整体治理又为数字治理提供了目标指向,明确了政府数字化转型的阶段性任务。

在推进长三角经济社会一体化进程中,整体智治的现代政府转型包含了基础设施建构、职能履行方式转变、政府管理创新和夯实组织保障等四个层面的主要内容。一是基础设施建构,即政府需要充分发挥自身在多元治理中的补缺者角色,为数字经济、数字社会、数字创新和智慧城市等提供科技端硬件基础设施,为多元参与的数字治理新格局提供制度端软件基础设施。二是职能履行方式转变，即政府需要充分发挥自身在公共治理中的规范者和合作者角色，运用数字技术更好地履行行政审批、市场监管、公共服务、应急管理等具体职能。三是政府管理创新，政府需要充分发挥自身作为数字化转型示范者的角色，运用数字技术改善自身作为一个超大型公共组织的运行方式和治理绩效。四是夯实组织保障，政府需要承担公共治理中的兜底者角色，为数字长三角的平稳有序发展增加人力资本供给和构筑安全屏障。

（二）补缺者：为数字长三角提供软硬件新型基础设施

在数字长三角建设进程中，政府主导的一体化科技端硬件基础设施建设是推动跨区域协同治理的基础保障。新型基础设施建设包含了5G网络、工业互联网、物联网等网络基础，数据中心、公共数据平台等数据要素基础，以及云计算、超级计算中心、人工智能建模集群等运算基础。新型基础设施的实质是信息数字化的基础设施，它首先是指有形的硬件基础设施建设，包括5G基建、特高压、城际高速铁路和城际轨道交通、新能源充电桩、大数据中心、超算中心和工业物联网等主要领域，涉及了通信、能源、交通、数字等重点行业。在数字化进程中，科技端的硬件基础设施建设旨在将人、物、网络互联互通,形成现代化、网络化和信息化的全新治理形态,为构建跨区域的一体化数字治理体系提供基础保障。以无缝对接、协同有序为目标,长三角三省一市在科技端硬件基础设施建设中应具备一盘棋的长远眼光,以一体化为大局建立协作规划机制,以大局出发谋划重点工程项目建设,联手打造覆盖长江三角洲区域城市群的高速铁路和轨道交通网络,建立布局合理、标准兼容的科技基础设施,集中力量提升数据中心、超级计算中心等大型基础设施的技术品质,构建开放共享的科技基础设施网络,避免重复建设、无效建设,充分发挥协作共建的规模效应。

在数字长三角建设进程中,分布式的公共数据平台网络体系构建为三省一市实现跨区域整体智治提供了要素资源。 公共数据是数字长三角生态系统的核心要素,它是指各级行政机关以及具有公共管理和服务职能的事业单位、社会组织,在依法履职过程中获得的各类数据资源。在数字时代,各级政府及其行政机关无时无刻不在产生数据。这些公共数据为各级政府及其部门研判发展趋势、优化政策方案、实现精准施策提供了微观数据支撑。2016 年以来,上海、浙江、江苏和安徽分别推进了行政辖区范围内的公共数据平台建设,发布了与公共数据治理、开放相关的地方性法规,为建立跨区域边界的公共数据平台网络体系奠定了扎实的基础。以互联互通、开放共享为目标,长三角三省一市可以在既有公共数据平台的基础上建立分布式、跨层级的公共数据平台网络体系,探索建立统一规范的公共数据管理制度,提高公共数据的质量和规范性程度,创新公共数据的产权保护和有价交易机制,为各级政府自发按需开展公共数据的共享交换提供平台。公共数据平台网络体系的构建旨在最大限度保留各地区因地制宜、因时制宜的灵活性,保障各地区数据治理和安全管理的主导权,通过建立不同地区、不同层级地方政府共同参与生产、使用的公共数据治理体系,增加各级地方政府参与公共数据供给的激励机制,建立公共数据实现跨地区、跨层级无障碍交换使用的内生动力。

(三)规范者和合作者:整体智治革新政府职能履行方式

在数字长三角建设进程中,以线上线下一体化办事为导向的行政审批制度改革是打造最佳区域营商环境的重要保障。长三角地区有着"互联网+"政务服务的扎实基础,自 2018 年开始基于上海市"一网通办"、江苏省"不见面审批"、安徽省"数字江淮"和浙江省"最多跑一次"改革初步构建了长三角"一网通办"政务服务平台,实现了异地网上预审、本地专窗办理、跨省快递配送的协同服务。在各地政府从在线办事到整体智治的新发展阶段,三省一市行政审批制度改革的重点在于深化扩面。一是深化全程网办,逐步推进长三角政务服务一体化从前台整合走向后台融合,以市民、企业家的实际办事需求倒逼各地各级政府协同建立更加标准化、规范化的办事流程、审批标准和材料需求，形成"业务闭环"，推进事项"标准统一"，依托在线审批平台扎实推进长三角区域的"无差别全科受理"，全面推进政务服务全程网上办、移动办。二是扩展事项范畴，对标世界银行营商环境考评指标体系，拓宽便民服务、商事登记和企业投资项目审批"一件事"范围，以更加充分的电子证照等数据共享交换为支撑，实现"一门进出、一窗受理、一套材料、一次采集、一网通办、一站办结"。在长三角广泛推行线上线下一体化行政审批制度改革，旨在最大限度降低市民、企业家的办事成本，消除区域经济一体化的体制障碍，助推各类要素资源在三省一市都市圈内的自由流动和优化配置。

在数字长三角建设进程中，市场监管数字化和数字市场监管是建立新经济业态市场秩序的关键环节。长三角是产业数字化和数字产业化发展较为充分的地区，它一方面要求各级政府积极运用数字技术创新市场监管职能的履行方式，另一方面也要求针对数字时代"共享经济""电商经济"等新业态承担新的监管职能。在市场监管数字化方面，三省一市可充分运用互联网、大数据、人工智能等技术为监管装上"火眼金睛"，一方面发挥"数字围栏"等技术优势，开展特定区域智能化电子监控，另一方面加强市场主体资质识别的信号机制建设，增强信用监管的有效性。三省一市可通过构建包容审慎的数字化监管体系，基于更加精准、全面的市场主体信息库，开展市场主体行为模式分析,构建动态、多维的信号机制,实现精准定位、分类监管,加强系统治理和源头治理,把市场管"活"、管"优"。在数字市场监管方面,三省一市可采用推动监管主体扩面,积极培育市场机制的自我调节作用。一方面,各地政府可采用联合发文等方式,明确电商平台对入驻商家的第一监管责任,促使平台利用大数据、云计算和智能化等技术,采取多种手段做好全面全程监管,使商家合法经营、文明经商。另一方面,各级各地政府应加强线下协同,通过跨区域联合执法等方式扎实推进"双随机、一公开",开展跨部门协同监管,借助长三角政务服务一体化平台等强化互联网督查功能,加强一体化的市场监管标准制定、信息搜集和执法处罚等,打造公平、公正和客观的市场监管新体系。

在数字长三角建设进程中,以互联网为载体的全域联盟构建是助推三省一市高品质公共服务均衡化发展的主要抓手。长三角是我国区域发展较为平衡的地区,但城市化进程中大城市和都市圈的发展一方面发挥了中心城市的集聚效应,促进了经济社会的健康发展,另一方面也引发了城乡在公共服务供给数量和品质方面的显著差异。在数字时代,三省一市可以依托互联网构建公共服务联盟,一方面促进优质公共服务在城乡、区域间的均衡发展,另一方面助推各类公共服务设施在长三角地区的优化配置。一是依托互联网建立跨区域的教育、医疗、养老等联盟,充分发挥中心城市的辐射带动作用。积极推动教育集团化、打造医疗共同体、构筑养老产业体系等,构建联盟网站,开展电子资源共享、远程教育和健康问诊等,全面提升长三角地区的公共服务供给质量。二是以一体化布局为导向开展长三角公共服务基础设施优化工程,依托长三角区域的高速铁路网、城际轨道交通网络等,一体化配置高等教育机构、医疗机构和养老康复机构等,疏解中心城市压力,打造卫星城市特色吸引力。

在数字长三角建设进程中,智慧韧性是长三角地区系统提升应急管理和灾害应对的支撑辅助。智慧韧性是指政府在防灾、减灾、备灾、救灾和恢复阶段,使用人工智能、社交媒体、空间技术和地理空间信息技术等提升灾害管理能力的通行做法。智慧韧性可以成为长三角三省一市提高应急管理和灾害应对能力的常规路径,三省一市可以依托政务服务网等及时向公众公布与气象、水文、冰雪等相关的风险预警信息,为志愿者组织和应急公民团体等开展整合性的救济活动提供必要的数据支持。智慧韧性也能够为当前新冠肺炎疫情的常态化防控提供支持。新冠肺炎疫情防控已经超越区域、国家边界,成为一个在较长时间内都会持续存在的全球性突发公共卫生重大事件。长三角是我国国际贸易、国际交往最为频繁的地区之一,需要做好疫情应对常态化的充分准备。数字技术为各地各级政府更好平衡疫情防控、复工复产等多元目标提供了重要的政策工具。一是充分运用"大数据＋流行病学""大数据＋产业布局"开展疫情趋势研判,以智慧决策助力公共政策的优化调整,抓住调整公共政策的先机。二是继续利用好"健康码"等基于个体、企业和地区的微观数据,实现精准施策,以审慎态度对待新冠肺炎疫情,以灵活包容的政策促进企业复工复产。

(四)示范者:整体智治重构现代政府治理体系

在数字长三角建设进程中,形成群众需求导向的跨层级、跨区域满意度调查是倒逼政府走向整体智治的必要路径。整体智治的现代政府数字化转型要求各级政府及其职能部门开展必要的流程再造、权力重构和数据共享,这一进程有可能引发来自基层干部的抵抗。自上而下的行政推动可以提高基层政府及其职能部门的配合,但也会由于纵向政府间的信息不对称导致一些改革难以落到实处。在数字时代,三省一市的省级政府可以充分借助数字技术的优势,形成跨层级、跨区域的公民满意度调查,一方面依托办公室、统计局等专门机构开展面向市民、法人的抽样调查,另一方面依托长三角"一网通办"政务服务平台和三省一市原有的在线办事平台,为办事群众及时反馈问题提供空间。三省一市的省级政府可以通过定期汇总市民、法人的实际需求和意见反馈,倒逼各级政府优化公共政策、调整办事流程,持续完善一体化的公共服务平台。

在数字长三角建设进程中,智能办理、数字监督是压缩规范行政自由裁量权、建立法治政府的有效路径。法治是最好的营商环境,依法行政是优化营商环境、降低体制性成本的最重要路径。数字技术已经驱动长三角地区在行政审批、市场监管、便民服务等领域推进在线办事、移动办事,赋予了三省一市充分运用"互联网＋"技术进一步压缩行政部门在企业投资项目审批、国有建设用地出让、事中事后监管等关键环节和重点领域自由裁量权的空间。三省一市可建立更加透明、规范的行政流程和办事标准,逐步推进以"电子官僚"取代"街头官僚"。通过设置全流程电子监督系统,实时记录权力运行过程,运用更大的数据挖掘分析,及时发现和处理各类不作为、乱作为和腐败行为,构筑完善反腐败的数字化监督机制,进一步完善权力运行监督机制。

(五)兜底者:为数字长三角提供组织保障

在数字长三角建设进程中,数字治理的人力资本投资有助于扩大三省一市全面推进整体智治的参与者范畴。整体智治是现代政府的一次系统转型,它不仅要求有高层级政府的顶层设计,还要求有各地各级政府的积极配合、主动探索;整体智治是数字技术与行政体制的深度融合,它不仅需要计算机、人工智能等技术专家深度参与,也需要公共管理的理论专家和实务人员贡献智慧;整体智治的政府管理旨在使更高效率、更优品质的公共服务惠及广大人民群众,它不仅需要政府方的持续投入,也需要市民、法人的广泛参与,共同激发数字治理的公共价值。在整体智治阶段，长三角地区各级政府的人力资本投资可以从三个方面做出努力。一是以保公平为底线，安排专项公共财政资金用于支持低收入群体在软硬件层面的数字接入，同时为未联网人群保留就近可及的线下服务递送渠道。二是以谋发展为目标，系统重构三省一市基础教育体系，在义务教育阶段增设人工智能等基础课程、提供数字技术教学专用教室；在高校教育中增设人工智能等项目，搭建数字治理等跨学科人才培养和科学研究平台；在干部培训中设置数字治理人才培养专项，依托MPA教育项目、继续教育中心等平台快速提升在职干部能力。三是以促转化为宗旨，建立长三角数字治理产学研一体化平台，支持高等院校、科研机构与科技企业的联产联动，构建数字技术领域蓬勃创新、良性竞争的健康产业生态。

在数字长三角建设进程中，公共数据治理的风险防范联盟为三省一市平稳有序推进整体智治提供了保障体系。 在数字时代，公共数据的治理风险表现为三个层面。一是隐私保障不足，即缺少对公民、法人数据隐私的法治保障，引发了隐私泄漏、网络欺诈、商业机密泄漏等各类社会安全隐患；二是数据治理失序，即缺乏对参与公共数据搜集、使用、共享部门的有效约束，降低了职能部门共享、开放数据的意愿，增加了公共数据滥用的风险；三是安全保障不足，即不少掌握了公共数据的政府部门缺乏数据安全的保障意识，也不具备数据安全的技术和制度保障，加大了公共安全危机。长三角地区应按照发展与安全并重的基本原则,从技术、基础设施、治理结构和法律体系等多个层面降低公共数据的治理风险、保障公共数据的使用安全。在技术和基础设施建设层面,三省一市可加强数据治理的风险防控技术和系统创新,建立健全数字基础设施的安全保障制度体系,打造全天候全方位的网络安全态势感知能力、数据安全预警以及溯源能力,切实保护关键公共数据资源安全。在治理结构层面,三省一市可建立参与导向的公共数据治理机制,授权公民查询以访问、使用个人数据开展决策分析或事件办理为目的的数据记录,允许公民、法人设定个人敏感数据被调取使用的即时提醒,发挥数据主体监督数据使用的互动机制。在法治保障层面,三省一市可协同推进公共数据治理立法工作,将公民、法人、技术专家等纳入立法程序,充分吸收利益相关方意见,推动建立适用于大数据环境的数据分类分级安全保护制度,形成更具专业性、包容性的公共数据法治体系,加强对政务数据、企业商业秘密和个人数据的保护。

六、行动倡议

加快推进数字长三角建设，需要建立有助于一体化发展的软硬件基础设施，以需求为导向、以项目为载体，采取积极行动实现战略目标，撬动三省一市共同破解阻碍长三角一体化发展的痛点、堵点和难点，以数据驱动长三角一体化进程的快速、有序推进。基于数字长三角战略的阶段目标，我们提出后疫情时代数字长三角建设的八项行动倡议。

第一，设立长三角地区合作与发展联席会议秘书处，协调数字长三角一体化各项具体行动的推进工作。目前，长三角地区已设立三省一市主要领导座谈会的决策机制、长三角地区合作与发展联席会议的协调机制、长三角区域合作办公室的规划与统筹机制，并共同发起设立了政策性公益基金。以数据驱动为内生动力，长三角一体化进程的持续加速将进一步凸显三省一市在基础设施建设布局、产业发展优化布局、法律法规与公共政策衔接，以及公共数据深度共享等方面合作、交流与协调中存在的问题。设立长三角地区合作与发展联席会议秘书处，有助于三省一市主要领导围绕一体化发展的日常事务开展更加及时、更具深度的对话与合作，加快推动数字长三角一体化的项目进程。

第二，以消除地区间的行政壁垒为核心目标，启动"整体智治的长三角政务服务一体化"行动。长三角地区已建立"一网通办"政务服务平台，但受制于各地经济社会发展水平的客观差异，各地较难立刻实现公共服务的一体化无差异供给。整体智治的政务服务一体化旨在超越政府中心主义的传统跨区域协作模式,以市民、企业家的实际需求为导向,倒逼各级、各地政府加强内部协调,推动三省一市的政务服务从前台整合走向后台融合。整体智治将首先提高长三角地区行政服务办事标准、业务流程的一致性,实现公共数据从互联互通到共享共用。由此,整体智治可以通过降低区域间的信息不对称程度提高长三角地区公共决策的整体性、系统性和协调性,实现公共资源的全域优化配置,持续提升各地政务服务的均衡化水平,逐步走向一体化的无差异政务服务供给。

第三,以新型基础设施建设为重要契机,启动"数字长三角新基建一体化布局"行动。以数字长三角一体化发展为目标,在三省一市协同优化工业互联网、物联网和 5G 网络等网络基础设施布局,数据中心、公共数据平台等数据要素基础设施布局,以及云计算、超级计算中心、人工智能等运算基础设施布局,同步完善特高压、城际高速铁路和城际轨道交通等支撑性硬件设施布局,实现三省一市新型基础设施建设的协同互补,确保长三角地区新型基础设施建设的空间布局能够最大限度提高稀缺资源配置效率、降低能源消耗水平。

第四,以数据驱动为关键抓手,启动"长三角地区公共数据一体化治理"行动方案。公共数据是数字长三角的关键基础要素。近年来,上海市、浙江省已经制订或正在启动《公共数据开放暂行办法》《公共数据开放及信息安全管理办法》等与公共数据治理相关的地方性立法。以长三角一体化发展为目标,三省一市可围绕公共数据治理的实际需求,采用跨地区联合立法等方式,建立更具兼容性、一致性的公共数据治理体系。在法制层面,长三角地区公共数据一体化治理应明确公共数据的范畴边界,公共数据的搜集和汇集标准,公共数据的开放、共享方式,以及个人隐私与商业机密的保护机制等,为公共数据的有序治理划定底线。在治理应用层面,长三角地区公共数据一体化治理应探索建立分布式、跨层级的公共数据平台网络体系,创新公共数据产权保护和有价交易机制,为公共数据的价值创造开放空间。

第五,以产业数字化为切入点,以数字产业化为着眼点,启动"长三角数字经济协同创新"行动。长三角地区不仅是我国产业数字化转型较为迅速、数字产业化发展较为蓬勃的区域,也是产业链关联性较强的区域,亟须建立各方参与的多中心数字治理产业生态系统。以推动区域数字经济协同创新为目标,三省一市可联合设立数字经济协同创新中心,建立产业数字治理协调委员会等治理机制。长三角数字经济协同创新中心可依托数字技术,建立"长三角区域经济监测图谱",动态实时监测各地区产业创新能力、中小企业发展、减税降费政策兑现、区域经济风险防范等;搭建工业互联网治理平台体系,及时监测、反馈供应链风险,实现产业链上中下游企业的资源密切协同,推进企业之间协同制造、产能共享,打造公平有序的市场竞争形态。

第六，以未来社区建设为主要载体，启动"**数据驱动的美好社区营造**"行动。社区是社会治理的基本单元，也是城乡居民日常生活的重要载体。在数字长三角一体化进程中，数字化、生态化和人本化的未来社区建设能够充分发挥互联网的连接优势，发挥中心城市的资源优势，突破物理空间限制，为社区居民提供及时可达的高品质服务，也有助于夯实社会治理共同体的根基，实现数字治理与社会资本的深度融合。以长三角一体化为语境，数据驱动的美好社区营造行动计划包含了三个层次。一是统一规划新建社区的智能化硬件配置，改造更新老旧小区的基础硬件设施，确保社区治理充分融入市域治理、省域治理和区域治理的一体化网络；二是个性化设计未来社区的生态环境，建立宜居、健康、便捷、低碳的社区邻里空间；三是多样化营造未来社区的生活共同体，完善广泛参与的社区自治模式，创新共同生产的公共服务供给模式，打造邻里互助、和睦共治的生活共同体。

第七，以数字赋能城市治理为路径，启动"**城市大脑标准化平台建设**"行动。长三角地区是我国城市化发展较为充分的地区，三省一市构成了世界级城市群，上海更是中国的首位城市，杭州、南京、合肥、苏州、宁波、温州、无锡等城市规模正在持续扩张之中。公共数据是数字长三角一体化发展的基础要素，城市大脑则是三省一市改善城市治理的应用集成。围绕大城市和都市圈治理的实际需求，三省一市可通过启动"城市大脑标准化平台建设"的行动方案，交流共享智慧城市建设已有经验,及时总结、提炼城市大脑在底层架构、数据汇集、应用开发等方面的既有经验,形成城市大脑标准化建设的基本模式和流程。"城市大脑标准化平台建设"一方面有助于快速提升长三角地区城市治理的整体水平,另一方面也能够为其他地区的数字城市治理提供经验。

第八,以智慧韧性为导向,启动"城市群尺度的突发事件联防联控"行动。在新冠肺炎疫情防控中,长三角地区开展了城市群尺度上的联合防控,在"健康码"互认、复工复产等方面取得较好成效,但也暴露出邻避式治理的种种乱象。在后疫情时代,长三角地区可以在城市群尺度上建立突发事件的联防联控机制,在风险研判、应急决策、协调应对和后期恢复等方面建立整体性、协同性的数字化紧急事件应对闭环。以城市群为尺度建立突发事件联防联控机制包含了两个关键环节,一是三省一市要充分实现公共数据的有效共享,监测、预判风险,及时做出决策,二是三省一市要共享共用应急管理中的稀缺资源,优化警察、医疗等应急资源的配置方式等,提高应急成效。

图书在版编目（CIP）数据

数字长三角战略.2020：数字治理 / 浙江大学数字
长三角战略研究小组著. —杭州：浙江大学出版社，
2020.6
ISBN 978-7-308-20227-5

Ⅰ.①数… Ⅱ.①浙… Ⅲ.①数字技术—应用—长江
三角洲—区域经济发展—研究—2020　Ⅳ.①F127.5-39

中国版本图书馆 CIP 数据核字(2020)第 083532 号

数字长三角战略 2020：数字治理

浙江大学数字长三角战略研究小组　著

策划编辑	张　琛　吴伟伟
责任编辑	钱济平　陈佩钰
封面设计	雷建军
出版发行	浙江大学出版社
	（杭州市天目山路 148 号　邮政编码 310007）
	（网址：http://www.zjupress.com）
排　　版	杭州中大图文设计有限公司
印　　刷	浙江海虹彩色印务有限公司
开　　本	710mm×1000mm　1/16
印　　张	6.5
字　　数	66 千
版 印 次	2020 年 6 月第 1 版　2020 年 6 月第 1 次印刷
书　　号	ISBN 978-7-308-20227-5
定　　价	58.00 元